‘한국의 불행’:
한국현대지식인의 역사

공감개론신서 14

‘한국의 불행’: 한국현대지식인의 역사

윤소영 지음

공감

공감개론신서 14
‘한국의 불행’:
한국현대지식인의 역사
윤소영 지음

인쇄일 2016년 10월 25일
발행일 2016년 10월 31일

도서출판 공감
발행인 이범수
출판등록 22-1006 (1996. 5. 14.)
서울시 마포구 망원동 421-34 B02호
전화 323-8124 / 팩스 323-8126
전자우편 alba21@naver.com

ISBN 978-89-86939-52-1 03320
값 12,000원

서문

『춘추』의 의리가 실행되면, 천하의 난신적자가 두려워할 것이다(春秋之義行, 則天下亂臣賊子懼焉). — 사마천

세계사는 세계심판이다(Die Weltgeschichte ist das Weltgericht). — 프리드리히 실러

이 책의 주제는 부제가 가리키듯이 '한국현대지식인의 역사'이다. 따라서 이 책은 『한국자본주의의 역사』(공감, 2015)를 보충하려는 시도인데, 사회성격 논쟁의 역사를 정리하면서 논쟁의 대상인 자본주의의 역사만 주목하고 논쟁의 주체인 현대지식인의 역사는 간과했었기 때문이다. 이 책의 제목이 '한국의 불행'일 수밖에 없는 것은, 『봉건제론』(공감, 2013)에서도 이미 지적했듯이, 지식인의 기형적·불구적 성격 때문이다. 『일반화된 마르크스주의 개론』(공감, 2006; 개정판: 공감, 2008)에 이어 『한국자본주의의 역사』와 『'한국의 불행'』이 한국사회성격 논쟁을 개관하는 데 도움이 된다면 다행이겠다. 『일반화된 마르크스주의 개론』, 『봉건제론』, 『한국자본주의의 역사』의 교정표도 참고하면 도움이 될 것이다.

2016년 10월

윤 소 영

차례

교정표 · 141

'과천연구실 세미나' · 158

‘한국의 불행’:
한국현대지식인의 역사

지식인사 개요

이번 작업의 목적은 『한국자본주의의 역사』(공감, 2015)를 보충하는 데 있습니다. 사회성격 논쟁 30주년을 기념한다면서도 자본주의의 역사만 주목하고 현대지식인의 역사는 간과했었거든요. 논쟁의 대상만 있었고 주체는 없었던 셈이지요. 물론 처음부터 그럴 생각은 아니었고, 경제학자를 비롯한 현대지식인의 역사도 정리해볼 생각이었어요. 그러나 참고할 만한 사료가 거의 없어서 포기할 수밖에 없었던 것이지요.

『한국자본주의의 역사』에서 이미 지적한 것처럼, 프랑스의 마르크스주의 철학자 알튀세르는 하이네와 엥겔스가 말한 ‘독일의 불행’(deutsche Misere)에 빗대어 ‘프랑스의 불행’(misère française)에 대해 말한 적이 있습니다. 독일은 부르주아 혁명에 실패한 반면 프랑스는 마르크스주의의 토착화에 실패했다는 것이지요. 이렇게 프랑스화된 마르크스주의가 존재할 수 없었던 이유는 프랑스지식인이

경제학을 포기하고 철학이나 사회학에 만족했었다는 사실로 소급하는 것입니다. 동시에 그런 사실은 19세기 내내 프랑스혁명이 극좌와 극우로 표류하면서 프랑스자본주의가 발전할 수 없었다는 사실에 대응하는 것이기도 하고요.

그런데 한국은 부르주아 혁명과 마르크스주의의 토착화에 모두 실패했습니다. 부르주아 혁명에 실패한 것은 중국과 마찬가지였지요. 그러나 중국과 달리 마르크스주의의 토착화에도 실패했던 것이에요. 중국사에 유비하자면, 개항의 외압에 대응하여 양무운동과 변법운동은 출현했는데, 신해혁명과 5·4운동은 출현하지 못했다는 것이 바로 '한국의 불행'이지요.

한국현대지식인의 역사는 『역사비평』(1992년 가을)의 특집 '근현대 민족현실과 지식인'이 기본 문헌입니다. 그 중 가장 주목할 만한 논문은 박찬승 교수의 「근대적 지식인의 출현과 민족사적 과제」인데, 이 논문을 발표한 직후에 출판된 박사논문 『한국근대정치사상사연구: 민족주의 우파의 실력양성운동론』(역사비평사, 1992)의 서론격이라고 할 수 있지요.

박찬승 교수는 현대한국에서 지식인의 계보를 실학자로 소급하고 있습니다. 나아가 북학파와 그 후예인 문명개화파의 한계를 극복하기 위해서는 정약용과 신채호에게 주목해야 한다고 주장하고 있지요. 그러나 북학파나 문명개화파와 마찬가지로 정약용이나 신채호에게서도 신해혁명과 5·4운동의 가능성을 발견할 수는 없어요. 이 때문에 방금 언급한 한국의 불행이 불가피했던 것이고요.

북학파·문명개화파와 정약용·신채호가 공유한 이런 한계는 전현대중국과 달리 전현대한국에서 경세사학이 발전할 수 없었다는 사실로 소급하는 것입니다. 게다가 숙종의 환국정치와 영·정조의 탕평정치를 외척의 세도정치가 계승하면서 급기야 유가사상이 소멸하고 지식인이 기형화·불구화되었다는 사실에도 주목해야 하고요. 좀 더 자세한 설명은 『봉건제론』(공감, 2013)을 참고하고, 또 유가적 지식인에 대한 『한국자본주의의 역사』의 보충 설명도 참고하세요.

박찬승 교수와 구별되는 연구동향에 대해서도 간단하게 설명해두겠습니다. 주체사관이 출현하기 이전인 1950-60년대의 북한사학계에서는 자본주의 맹아론의 입장에서 북학파·문명개화파를 긍정적으로 평가했었지요. 남한사학계의 입장도 대동소이했었는데, 그 후 북학파·문명개화파의 한계를 지적하면서 박찬승 교수와는 달리 1970년대에 위정척사파에 대한 재평가를 거쳐 1980년대에는 동도서기파를 복권시키는 것이 주류적 연구동향이었어요.

위정척사파는 서인 정통파인 노론의 후예였는데, 공자-주자-송자(송시열)의 도통을 주장한 이항로와 그의 제자 최익현·유인석이 대표자였습니다. 송시열의 후손이자 당대의 산림이던 송병선도 위정척사파였는데, 1905년 을사조약에 반대하여 순국하기 직전인 1902년에 『동감강목』을 편찬했지요. 위정척사파는 동양의 학문을 정학(正學)으로 보위하면서 서양의 학문을 사학(邪學)으로 배척했는데, 결국 일체의 개혁을 거부한 셈이었어요.

반면 동도서기파와 문명개화파는 이단적 서인인 북학파의 마지막 거장 박규수의 제자였습니다. 김윤식·김홍집 같은 선배급 제자인 동도서기파는 양무운동에 유비할 수 있는 온건한 개혁을 주장했지요. 반면 김옥균·박영효 같은 후배급 제자인 문명개화파는 변법운동에 유비할 수 있는 급진적 개혁을 주장했는데, 말하자면 동도서기(東道西器)가 아니라 서도서기(西道西器)를 주장한 셈이에요.

참고로, 동도서기는 1960년대에 한우근 교수가 제안한 명칭으로 동양의 학문을 형이상학으로 삼고 서양의 학문을 형이하학으로 삼는다는 의미였습니다. 중국에서 사용한 중체서용(中體西用)을 달리 표현한 것이었는데, 유가사상에서 도기(道器)는 체용(體用)과 동일한 의미였거든요. 반면 일본에서는 화혼양재(和魂洋才)라고 했는데, 그러나 유가사상에 혼재(魂才)라는 개념은 없었어요.

한국과 중국에서 현대지식인의 역사는 분기했는데, 한국에서 문명개화파가 결국 개신교를 수용했다는 사실이 가장 중요한 차이입니다. 중국과 달리 구교(仇敎, 반기독교운동) 또는 교안(敎案, 기독교관련소송사건)이 별로 없었다는 사실에도 주목할 수 있고요. 천도교(동학) 정도가 예외였는데, 그나마 개신교가 아니라 가톨릭(천주교)에 반대한 것으로 별로 효과가 없었지요. 한국에서 기독교는 가톨릭이 아니라 개신교가 대표했거든요. 심지어 개신교가 기독교라는 명칭을 독점하기도 했고요.

문명개화파는 개신교를 수용하여 애국계몽운동과 실력양성운동을 추진했습니다. 그러나 개신교 수용에서 지역적 차이가 있었다는 사실에도 주목할 필요가 있는데, 1884-85년에 미국 감리교파와 장로교파의 교육·의료선교는 서울을 비롯한 기호지방에서 시작되었지요. 그러나 청일전쟁 이후 장로교파가 평안도에 전파되었고 1905년 을사조약 직후에 전개된 1907년 대부흥운동 이후 평양을 비롯한 평안도의 장로교파가 점차 개신교도의 다수를 차지하게 되었어요.

감리교파와 장로교파의 선교정책에 차이가 있었다는 사실도 지적해두겠습니다. 기호지방이 거점인 감리교파는 교육·의료라는 매개를 통한 간접선교에 치중한 반면 평안도가 거점인 장로교파는 그런 매개가 없는 직접선교에 치중했지요. 또 감리교파가 사회복음을 수용한 반면 장로교파는 천도교·불교, 심지어 무속신앙을 보완하는 기복신앙을 자임했고요.

이런 차이는 물론 유가적 전통의 강약과 관련되었던 것입니다. 유가적 전통이 강한 기호지방에서의 선교는 교육·의료라는 우회로가 필요했고, 나아가 사회복음도 필요했던 것이에요. 반면 유가적 전통이 약한 평안도에서는 그럴 필요가 없었던 것이고요. 기호지방의 장로교파가 평안도의 장로교파와는 달리 오히려 감리교파와 친화성을 가졌다는 사실도 이렇게 설명할 수 있지요.

1884년에 입국한 최초의 선교사는 장로교파의 앨런(알렌)이었는데, 그가 제중원, 즉 세브란스병원을 설립했습니다. 또 1885년에 입국한 감리교파의 아펜젤러는 배재학당을 설립했고, 스크랜턴 대(大)부인은 이화학당을 설립했으며, 그녀의 아들 스크랜턴은 시(施)병원을 설립했지요. 역시 1885년에 입국한 장로교파의 언더우드가 설립한 경신학교는 본래 고아원이었는데, 나중에 그 대학부가 연희전문으로 발전하여 감리교파와 연합으로 운영되었어요. 아펜젤러와 언더우드는 각각 정동교회와 새문안(서대문안)교회를 설립했고요.

그런데 『한국근대정치사상사 연구』에서 박찬승 교수도 주목한 것처럼, 국망(國亡, 나라의 멸망)이라는 경술국치를 계기로 애국계몽운동과 실력양성운동의 분화가 발생했습니다. 방금 한국에서는 신해혁명과 5·4운동이 발생하지 않았다고 했는데, 신해혁명 대신 애국계몽운동·실력양성운동이 발생했고 또 5·4운동 대신 애국계몽운동·실력양성운동의 분화가 발생했던 것이지요.

특히 독립협회의 후예인 신민회의 분화에 주목할 필요가 있습니다. 신민회 회원 중에서 감리교도 윤치호와 장로교도 안창호는 애국계몽운동과 실력양성운동을 고수했지요. 반면 애국계몽운동과 실력양성운동보다 독립이 우선이라고 주장하면서 감리교도에서 대종교도로 개종한 이회영·시영 형제와 이동녕은 서간도에서 신흥무관학교를 설립하여 무장투쟁을 준비했고, 이동휘도 역시 독립이 우선이라고 주장하면서 감리교도에서 마르크스주의자로 전향하여 연해주에서 한인사회당을 건설했어요.

김일성 주석도 개신교 집안 출신이었다는 사실을 지적해두겠습니다. 특히 외가가 독실한 장로교도였는데, 김 주석에게 큰 영향을 끼친 모친 강반석의 이름은 베드로를 번역한 것이었지요. 또 부친 김형직은 숭실중학교를 중퇴한 다음 길림에서 독립운동에 투신했고요. 김 주석도 부친처럼 길림 육문중학교 시절까지 개신교활동을 하다가 독립운동에 투신했던 것이에요.

이 대목에서 개신교와 민족해방운동의 관계에 대해 설명해둘 필요가 있습니다. 가톨릭은 고려할 필요가 없는데, 개항기부터 일제강점기까지 프랑스의 외교정책을 추종하여 친청 → 친러 → 친일로 변신을 거듭했거든요. 반면 개신교 민족주의에 대해서는 한국사학계와 한국개신교사학계 사이에 논쟁이 있었지요.

「한국기독교사 연구의 어제와 오늘」(『한국기독교와 역사』, 12호,

2000)에서 숙명여대 이만열 교수는 연세대 백낙준 교수의 '선교사관'이 같은 대학 민경배 교수의 '민족교회사관'으로 발전했다고 평가하고 있습니다. 그 후 이장식·주재용 등 한신대 교수를 중심으로 '민중교회사관'이 주창되었으나 실제의 성과는 별로 없었다고 평가하면서 대신 자신과 한성대 윤경로 교수 같은 한국개신교사학자를 중심으로 사관 논쟁을 넘어서 실증적으로 충실한 개신교사가 시도되었다고 주장하고 있지요.

그런데 주진오 교수는 「한국사학계에서 바라본 한국기독교사 연구」(『한국기독교와 역사』, 15호, 2001)에서 한국사학계와 한국개신교사학계 사이의 대화 단절에 주목하고 있습니다. 한국사학계가 한국개신교사에 대해 기본적으로 무관심한 상황에서 한국개신교사학계의 호교론이 양자의 대화를 가로막는 일차적 장애가 된다는 것이지요. 한국사에서 개신교의 부정적 역할을 인정할 때 비로소 대화가 가능하다는 것이 주 교수의 주장이에요.

조금 이따가 소개할 김상태 교수의 주장처럼, '한국근현대사학계의 최대 약점'으로서 지식인 연구의 부재라는 문제를 해결하기 위해서도 이런 대화가 필요할 것입니다. 교수신문사가 기획한 『한국의 지성 100년: 개화사상가에서 지식게릴라까지』(민음사, 2001)를 보면, 『역사비평』의 특집 이후 10년 동안 큰 발전이 없었다는 사실을 알 수 있는데, 그것도 바로 이런 대화의 결여 때문이겠지요.

주진오 교수가 언급한 한국현대사에서 개신교의 부정적 역할을 신민회의 분화라는 맥락에서 설명할 수 있을 것입니다. 일제강점기에 개신교가 민족해방운동에 기여한 바는 거의 없었지요. 3·1운동 이후 공산주의가 민족해방운동의 주류로 부상하자 개신교는 반공주의를 표방하면서 점차 친일화되었거든요. 1920년대에 윤치호가 제창한 반공주의가 1929년 대공황과 1931년 만주사변을 계기로 개신교 전체에 보편화되었던 것이에요.

방금 한국에서는 구교·교안이 없었다고 했는데, 1920년대에 공산주의가 대두하면서 기독교 비판이 본격화되었습니다. 그런 비판에 대응하여 개신교는 1932년에 '사회신조'를 채택하고 반공주의를 교리의 차원으로 승격시켰지요. 사회신조의 채택은 사회복음이 기독교사회주의로 발전하는 것을 저지하려는 목적이었는데, 윤치호를 중심으로 한 감리교파가 주도적 역할을 했어요.

해방 이후에도 개신교 반공주의는 친일을 친미로 대체한 채 지속되었습니다. 다만 박정희 정부 이후 친미반공주의가 분화되면서 재야라는 비주류가 출현했는데, 장준하와 『사상계』가 그 상징이었어요. 재야는 박정희 정부에 반대하기 위해 민족주의 이데올로기를 동원했지요. 그러나 개신교 이데올로기의 핵심은 반공주의였고, 친일·친미주의나 민족주의는 부차적이었을 따름이에요. 달리 말해서 반공주의 내부에서 친일·친미주의와 민족주의의 모순은 반공주의와 공산주의의 적대적 모순과 달리 비적대적이었다는 것이지요.

개신교에서 친일파 척결에 대해 잠시 주목하겠습니다. 문제는 신사참배였는데, 감리교파와 달리 장로교파에서는 논란이 심각했지요. 평안도 장로교파는 신사참배에 반대하고 학교와 교회를 폐쇄한 반면 기호지방 장로교파는 감리교파와 마찬가지로 학교와 교회를 유지하기 위해 신사참배에 찬성했거든요. 신사참배는 종교의례가 아니라 국가의례였기 때문이고, '공관 복음서'에서 예수의 가르침처럼, 하느님의 것과 카이사르의 것은 달랐기 때문이지요.

해방 이후 신사에 참배한 친일파를 척결하자는 주장을 제기한 것이 부산·경남을 근거지로 한 고려신학교였습니다. 1952년에 예수교장로회에서 분리된 고신파는 장로교파 중에서도 가장 보수적인 분파인 동시에 규모도 가장 작은 분파인데, 경남 함안 출신인 이만열 교수의 집안은 사실 독실한 고신파 장로교도이지요.

해방 이후 친미반공주의의 주류는 평안도에서 탈북한 개신교도, 주로 장로교도였습니다. 종교사회학자 강인철 교수의 『한국의 개신교와 반공주의: 보수적 개신교의 정치적 행동주의 탐구』(중심, 2007)가 기본 문헌인데, 그 논지는 「월남 개신교·천주교의 뿌리: 해방 후 북한에서의 혁명과 기독교」(『역사비평』, 1992년 여름)와 「남한사회

와 월남기독교인: 극우반공체제 하의 교회활동과 반공투쟁」(『역사비평』, 1993년 여름)을 참고할 수 있지요.

강 교수에 따르면, 해방 직후부터 1948년 단정 수립까지 탈북자는 중·상층 개신교도였는데, 1945년 말까지 절반이 탈북했고, 주요 인사는 이미 8-10월 중에 탈북했지요. 1946-48년에는 탈북 추세가 지속적으로 감소했고요. 또 한국전쟁 중인 1950년 12월 흥남철수부터 1951년 1·4후퇴까지 맥아서의 원폭투하설 등으로 하층 개신교도가 피난했는데, 그 규모는 중·상층 개신교도와 비슷했다고 합니다. 반면 가톨릭교도는 1948년 단정 수립 이후 한국전쟁 발발 이전까지 탈북했는데, 성직자는 북한에 잔류하여 모두 평신도였고 대부분 하층이었다고 하고요.

따라서 친미반공주의의 핵심 세력은 해방 직후에 탈북한 중·상층 개신교도였다고 할 수 있습니다. 해방정국에서 단정 수립을 추진한 그들은 결국 적산을 무상으로 불하받았지요. 한민당조차 적산의 국유화를 주장했던 것은 이런 사정과 무관하지 않았을 것 같고요. 어쨌든 1950-60년대 대자본가의 다수를 차지했던 것은 경상도 출신이 아니라 오히려 평안도 출신이었어요.

아울러 대자본가 중에서 남한 출신과 북한 출신의 종교가 다르다는 사실에도 주목할 수 있습니다. 방금 지적한 것처럼, 북한 출신의 대자본가는 개신교였던 반면 경남 출신인 삼성과 롯데는 불교였고, 역시 경남 출신인 럭키금성(LG)은 유학이었으며, 강원 출신인 현대는 무종교였거든요. 물론 예외적으로 기독교도 있었는데, 경북 출신인 대우와 경기 출신인 선경(SK)이었지요.

박정희 정부가 출범하면서 상대적으로 개신교 세력이 위축된 반면 불교 세력은 확장되었다는 사실도 지적해두겠습니다. 박정희의 지역기반이 개신교보다는 오히려 불교의 영향력이 컸던 경상도였거든요. 나아가 유학은 개신교보다 훨씬 더 격하된 반면 대신 천도교가 특히 격상되었습니다. 박정희는 늘 자신의 부친이 동학도였음을 자랑했다고 하거든요.

강인철 교수에 따르면, 탈북 기독교도의 반공주의는 '생생한 체험'과 '절박한 현실성'을 반영한 '묵시록적[종말론적] 반공주의'였습니다. 얼마간 동정어린 이런 평가는 평안도 출신의 가톨릭 집안이 친가이고 역시 평안도 출신의 장로교 집안이 외가라는 사정과 무관하지 않지요. 특히 그의 외가는 영락교회와 관련이 깊었거든요.

마지막으로 반공주의 개념을 설명해둘 필요가 있는데, 그러려면 먼저 공산주의 개념을 설명해야 할 것입니다. 『공산주의자 선언』의 마르크스와 엥겔스처럼, 사회주의를 반(反)자유주의로 정의할 수 있지요. 나아가 봉건적 사회주의, 프티부르주아적 사회주의, 부르주아적 사회주의, 프롤레타리아적 사회주의로 구별할 수 있고요.

프롤레타리아적 사회주의가 바로 마르크스와 엥겔스가 주창한 공산주의인데, 이에 대해 부르주아적 사회주의를 진보주의라고 부르고, 봉건적 사회주의와 프티부르주아적 사회주의를 보수주의라고 부를 수 있습니다. 따라서 반공주의를 자유주의적 반공주의, 진보주의적 반공주의, 보수주의적 반공주의로 구별할 수 있는 것이지요.

해방 이후 남한에서 사회민주당은 물론이고 기독교민주당도 출현할 수 없었던 것은 남한의 자유주의적 내지 진보주의적 반공주의와 보수주의적 반공주의가 모두 실패했기 때문이라는 사실에 주목할 필요가 있습니다. 특히 자유주의적·진보주의적 반공주의의 실패가 문제였는데, 재야의 출현으로 인해 오히려 인민주의적 반공주의로 퇴화했기 때문이지요. 좀 더 자세한 설명은 『인민주의 비판』(공감, 2005)을 참고하세요.

이런 맥락에서 칠레와 비교하여 남한의 문민화가 실패한 이유를 설명할 수 있습니다. 1990년 칠레 문민화의 주체는 사민당과 기민당 중심의 민주주의를위한정당연합(Concertación de Partidos por la Democracia)이었는데, 2010-14년만 제외하고 줄곧 집권에 성공했거든요. 제임스 페트라스 외, 「칠레 기민당과 사회당의 전향: 피노체트 비판가에서 지지자로」(조반니 아리기 외, 『발전주의 비판에서 신자유주의 비판으로: 세계체계론의 시각』, 공감, 1998)를 참고하세요.

해방 이후 반공주의의 분화와 재야의 출현

어쨌든 한국현대지식인의 역사를 연구하기 위해서라도 개신교도의 역사, 특히 해방 이후의 역사를 연구해야 합니다. 주진오 교수의 입장과 친화성을 갖는 김상태 교수는 윤치호 일기를 편역하여 『물 수 없다면 짖지도 마라: 윤치호 일기로 보는 식민지 시기 역사』(산처럼, 2013; 초판: 역사비평사, 2001)를 출판한 바 있어요. 김 교수의 박사논문은 『근현대 평안도 출신 사회지도층 연구』(서울대 국사학과, 2002)인데, 그 논지는 「평안도 기독교세력과 친미엘리트의 형성」(『역사비평』, 1998년 가을)과 「1950년대~1960년대 초반 평안도 출신 『사상계』 지식인층의 사상」(『한국사상과 문화』, 45집, 2008)에서 알 수 있지요.

김상태 교수의 연구는 장규식 교수의 박사논문 『일제하 한국기독교민족주의 연구』(혜안, 2001)와 「미군정 하 흥사단 계열 지식인의 냉전 인식과 국가건설 구상」(『한국사상사학』, 38집, 2011)으로 보충할 수 있습니다. 김용섭 교수의 제자이자 이만열 교수가 설립한 한국기독교역사연구소에도 참여한 장 교수는 평안도와 기호지방의 개신교에 대한 비교 연구를 수행했는데, 다만 평안도 장로교도를 자본주의 맹아의 주체로 간주한 것은 논란의 여지가 있어요.

김 교수와 장 교수를 참고하면서 해방 이후 개신교 반공주의의 역사를 검토할 수 있습니다. 먼저 장 교수는 흥사단 계열의 장로교도가 탈북하여 미군정의 핵심을 구성하게 된 과정을 복원하고 있는데, 여기서 보수주의적 반공주의를 발견할 수 있지요. 1913년에 미국 로스앤젤레스에서 안창호가 창설한 흥사단은 1938년에 그가 사망하자 거의 소멸했다가 미군정에서 화려하게 부활했어요. 또 1948년 단정 수립과 함께 그 본부도 서울로 이전했고요.

장 교수의 분석에 따르면, 미군정의 고위간부는 통설과 달리 김성수의 한민당 계열이 아니라 안창호의 흥사단 계열이었습니다. 그들이 조금 이따가 설명할 서북청년회와 함께 단정 수립의 주역이었던 것이지요. 또 그들은 미군정과 이승만 정부에서 국유적산의 민간불하를 추진했습니다. 그래서 1950-60년대 대자본가 중 탈북 개신교도가 다수일 수 있었던 것이에요.

물론 한민당 계열과 동시에 흥사단 계열에 속한 경우도 있었는데, 미국유학생 중 최초의 경제학 박사이자 연희전문 교수이기도 했던 조병옥이 그랬습니다. 충남 천안 출신의 감리교도였던 그는 숭실중학교를 졸업하고 흥사단의 핵심으로 활동하기도 했어요. 그러나 그는 감리교파의 입장에서 장로교파의 혁신을 주장했고, 나아가 흥사단의 개조도 주장했지요. 조병옥이 결국 민주당 신파가 아니라 구파에 속했던 것은 우연이 아니었어요.

1955년에 김성수가 자유당탈당파와 함께 흥사단 계열을 포섭하여 한민당을 민주당으로 확대·개편하려고 시도할 때 최대의 쟁점이 조봉암의 참여였다는 사실을 아울러 지적해두겠습니다. 김성수는 찬성한 반면 흥사단은 반대했는데, 김성수가 급사하면서 결국 조봉암의 입당은 실현될 수 없었지요.

단정 수립의 또 다른 주역인 서북청년회에 대한 기본 문헌은 숭실대에서 박사학위를 취득한 윤정란 박사의 「서북청년회 출신들의 정치적 배제와 부활」(『숭실사학』, 33집, 2014)입니다. 서북청년회를 비롯한 탈북 개신교도에 대한 자세한 연구는 역시 윤 박사의 『한국전쟁과 기독교』(한울, 2015)를 참고할 수 있고요.

서북청년회는 한경직의 영락교회를 중심으로 1946년에 결성되었는데, 한경직은 영락교회를 기독교국가의 간성(干城, 믿음직한 군대)이라고 불렀습니다. 윤 박사의 연구는 서북청년회에 대한 기존의 연구에 대한 비판이라고 할 수 있지요. 박명림 교수를 비롯한 진보주의자들은 이른바 '피난민교회'였던 영락교회를 거점으로 조직된 서북청년회를 '생계형 청부테러단' 또는 '미군정과 [한민당 같은(?)] 극우세력의 희생양'으로 변호해왔거든요.

평안도 장로교도 중에서 구세대 선배격이 흥사단이었다면, 서북청년회는 신세대 후배격이었다고 할 수 있습니다. 서북청년회의 가입자격은 35세 이하의 청년이었기 때문이지요. 그러나 흥사단과 서북청년회는 일심동체였는데, 흥사단이 구상한 반공주의를 서북청년회가 실행한 셈이었거든요.

서북청년회는 이승훈·조만식으로 상징되던 오산학교의 후예였다고 할 수 있는데, 창설자인 한경직과 초대위원장인 선우기성이 모두 오산학교 출신이었습니다. 그들은 일제강점기에 오산학교가 개신교 민족주의를 대표했으며, 해방 이후 최초의 반공학생운동인 신의주학생운동을 주도했다는 자부심이 아주 대단했지요.

서북청년회의 회원은 서울대학교에 입학하기도 했는데, 1946년에 흥사단 출신인 오천석 문교부장이 구상한 국대안(국립서울대학교설립법안)을 실행하기 위한 것이었습니다. 당시 좌익의 거점은 경성고등상업학교의 후신인 상대와 경성사범학교의 후신인 사대였던 반면 우익의 거점은 경성제국대학의 후신인 법대와 문리대였는데, 서북청년회는 상대·사대뿐만 아니라 법대·문리대에도 배치되어 좌익 척결에 앞장섰지요.

흥사단과 서북청년회의 반공주의는 냉전적 성격보다는 오히려 열전적 성격이었습니다. 그래서 '반공십자군'이라고 불렸던 것인데, 결국 이승만 정부에 의해 토사구팽되었지요. 그러나 서북청년회 계열은 박정희 정부에서 화려하게 부활하여 노태우 정부까지도 그 명맥이 지속되었어요. 방금 설명한 것처럼, 흥사단 계열은 자유당탈당파와 함께 민주당으로 포섭되었고요.

흥사단과 서북청년회의 보수주의적 반공주의를 대체한 것이 바로 장준하와 『사상계』의 자유주의적 내지 진보주의적 반공주의라고 할 수 있습니다. 장준하에 대해서는 재야언론인 김삼웅 씨의 『장준하 평전』(시대의창, 2009; 개정판: 시대의 창, 2012)을 참고할 수 있는데, 『사상계』 계열인 그는 노무현 정부에서 독립기념관장을 역임한 바 있지요. 김삼웅 씨는 독립기념관장 시절 『김구 평전』을 출판하면서 평전작가로 데뷔했는데, 그러나 그리 대단한 작품은 없어요.

『사상계』에 대해서는 김상태 교수의 논문 이외에도 이용성 교수의 『'사상계'와 비판적 지식인잡지 연구』(한서대학교출판부, 2012)를 참고할 수 있습니다. 이 교수에 따르면, 『사상계』는 오락지향적 대중잡지와 달리 이념지향적 고급잡지(quality magazine)였지요. 냉전기에 이데올로기 투쟁을 자임하면서 정론(政論, political opinion)을 제시한 잡지였다는 것이에요. 『사상계』의 필진도 역시 대부분 서북(평안도·황해도·함경도) 출신이었는데, 그러나 장준하와 백낙준·김준엽의 연고로 인해 연세대·고려대 교수가 주류였지요.

장준하는 1918년에 평북 의주의 중인 집안에서 출생했습니다. 그의 조부는 한의사였고 부친은 목사였지요. 그는 선천의 신성중학교를 졸업했는데, 선배 중에는 백낙준이 있었고 후배 중에는 계훈제가 있었어요. 장준하는 장로교파 계열의 도쿄 일본신학교 예과에 진학하면서 문동환·익환 형제와도 교류했지요.

그러나 그는 1년 반만에 학업을 중단하고 결혼을 위해 귀국했다가 학병에 지원했습니다. 임시정부의 광복군에 가담하기 위해서였다는 것은 사후합리화였지요. 1944-45년의 항일수기 『돌베개』(1971)에서 제시된 이런 주장은 박정희에 대한 라이벌 의식의 표출이었을 따름이에요. 결혼 직후 학병에 지원할 수밖에 없었던 것은 부친의 목사직을 유지하기 위해서였다는 설이 오히려 설득력이 있지요.

우여곡절 끝에 학병에서 탈출하여 광복군에 가담한 장준하는 탈출학병 제1호인 김준엽과 해후할 수 있었습니다. 1942년에 김원봉의 의열단이 합류하면서 광복군은 김원봉의 제1지대, 이범석의 제2지대, 김학규의 제3지대로 재편되었는데, 장준하와 김준엽은 제2지대를 따라 미국 중앙정보국(CIA)의 전신으로 역시 1942년에 창설된 전략정보국(OSS)에 소속되었지요.

당시 전략정보국은 '국내진공작전'이라는 첩보활동을 준비하고 있었습니다. 그런데 여기에 가담한 한국인의 핵심은 임시정부의 광복군이 아니라 재미 개신교도였어요. 또 평양 출신으로 신민회 회원이었던 유홍원의 아들이자 유한양행의 창업주인 유일한이 한국담당고문이었지요. 중국담당고문은 1931-33년의 3부작 『대지』(大地, *The Good Earth*)로 1938년에 노벨문학상을 수상한 펄 벅이었고요.

1945년 말에 김구의 비서 자격으로 귀국한 장준하는 1947-48년에 결국 이범석의 족청(조선민족청년단)으로 복귀했습니다. 그러나 이범석이 '반공을 표방하면서도 좌익세력과 타협하자' 족청을 탈퇴했지요. 또 1947-48년에 장준하는 문동환의 주선으로 한신대 졸업반으로 편입할 수 있었습니다. 1950년에는 당시 문교부장관이던 백낙준의 후원으로 문교부 산하 국민사상연구원의 서기관으로 임명될 수 있었고요.

백낙준이 장준하에게 부여한 과제는 국민사상연구원의 반공기관지 『사상』을 발간하는 것이었습니다. 1952년에 창간된 『사상』은 주한 미국공보원(USIS)의 후원에도 불구하고 판매부진으로 반 년만에 폐간할 수밖에 없었지요. 그러나 장준하는 포기하지 않고 또다시 백낙준과 미국공보원의 지원을 받아 『사상계』를 창간했어요.

1953년에 1인잡지로 창간된 『사상계』는 곧 동인지로 발전했는데, 편집위원과 필진 대부분을 서북 출신 지식인으로 구성했습니다. 그 기준은 반공이었고 친일은 문제가 되지 않았어요. 백낙준의 영향으로 연세대 교수가 주류였는데, 나중에 김준엽이 합류하면서 고려대 교수도 대거 참여했지요. 한신대의 실질적 학장이던 김재준과 퀘이커교도이자 무교회주의자이던 함석헌도 참여했고요.

『사상계』가 친일 문제에 무관심했다는 것은 동인문학상 제정에서 알 수 있습니다. 김동인의 부친 김대윤은 평양의 초대장로였고, 그의 이복형 김동원은 조만식과 함께 평양을 대표한 장로였지요. 동인문학상 수상자는 정말 쟁쟁했는데, 1965년에 김승옥, 1966년에는 최인훈이었거든요. 또 1965년에 신인문학상을 수상한 이청준은 1967년에는 동인문학상까지 수상했고요. 나아가 『사상계』는 최남선 추모기념호를 발간하기도 했어요. 역시 친일은 문제가 아니었다는 사실을 알 수 있지요.

『사상계』는 물론 친정부적이었습니다. 함석헌이 1957년의 기고문에서 정부와 군부를 비판한 부분을 장준하가 삭제한 적이 있을 정도였어요. 『사상계』가 이승만을 비판하기 시작한 것은 1958년부터였습니다. 보통 조봉암 사건이 계기였다고 설명하는데, 별로 설득력이 없어요. 철저한 반공주의자였던 장준하가 아무리 전향했다고 하더라도 조봉암을 옹호할 이유는 없었거든요. 장준하가 1962년에 한국인 최초로 막사이사이상을 수상했다는 사실도 지적해두겠어요.

오히려 매서추세츠공과대학(MIT) 경제학교수이던 로스토우(Walt Rostow)가 '반공주의자 선언'이라고 부른 바 있는 현대화론과의 관련을 추적해볼 필요가 있을 것입니다. 로스토우가 매서추세츠공과대학 경제학교수이면서 중앙정보국 요원이던 밀리칸(Max Millikan)과 함께 1954년부터 비밀리에 구상해오던 현대화론을 *A Proposal: Key to an Effective Foreign Policy* (Harper, 1957)로 공개한 직후였거든요. 또 장준하가 중앙정보국과의 관계를 청산하지 않았을 수도 있는데, 중앙정보국이 로스토우의 현대화론에 따라 이승만 정부의 교체를 구상한 것은 1958년부터였어요.

4·19 이후 장면 정부에 참여했던 장준하는 5·16을 환영했습니다. 반공이라는 국시(國是, 국민적 합의로 통일된 국론)를 고수하지 못한 장면 정부의 무능 때문이었어요. 『사상계』는 '민주주의에 대한 민족주의의 우위'를 주장했는데, 쿠데타의 이데올로기였던 '민족적 민주주의'와 대동소이했지요. 나아가 『사상계』의 지론은 홍사단과 마찬가지로 적산불하를 통한 재벌형성이었는데, 역시 쿠데타 이후에 추진된 재벌 중심의 현대화와 친화성이 있었고요.

장준하가 박정희를 비판하기 시작한 것은 1963년 대선부터였습니다. 유세과정에서 윤보선이 박정희의 사상 문제를 제기했는데, 이 때문에 오히려 패배했다는 것이 당시 중앙정보부장이었던 김형욱의 해석이었지요. 어쨌든 장준하에게도 박정희가 공산주의자였다는 것이 문제였지 친일파였다는 것은 문제가 아니었어요.

물론 박정희에 대한 장준하의 비판에는 도덕적 우월감도 작용했습니다. 만주군이었던 박정희와 달리 자신은 광복군이었다는 것인데, 일본이 패전한 직후 광복군에 지원한 박정희를 '기회주의자'라고 비판하면서 축출했다고 자랑하곤 했지요. 결국 『사상계』를 포기하고 정계에 진출한 것은 그런 우월감 때문이었는데, 물론 아무런 근거도 없었어요. 해방정국에서 박정희는 공산주의로까지 급진화되었거든요. 물론 여순사건을 계기로 전향했지만요.

『사상계』의 민족주의는 박정희의 민족주의처럼 일관성이 결여된 것이었습니다. 예를 들어 한일국교정상화에 대한 반대에는 일본 정부의 남북한 등거리외교에 대한 의심이 작용했는데, 따라서 반일보다는 오히려 반공이 문제였던 셈이지요. 또 한일국교정상화를 통해 미국이 남한에 대한 책임을 일본에게 전가할 것이라는 염려도 작용했는데, 반일보다는 오히려 친미가 문제였던 셈이고요. 요컨대 친미반공주의가 한일국교정상화에 대한 반대의 근거였다는 것이에요.

1967년 대선에서도 여전히 박정희의 사상 문제를 제기하다가 허위사실유포죄로 수감된 장준하는 옥중출마로 국회의원에 당선되었습니다. 그는 국방위원회에 소속되었는데, 여기서 당시 2군단장이었던 김재규와 해후했지요. 장준하는 1971년 대선과 총선 사이에 『돌베개』를 출판하고 1973년 이후 유신반대투쟁에 몰두하다가 1975년에 북한산 약사봉에서 추락사했어요. 그가 김재규와 의기투합하여 쿠데타를 모의하다가 암살당했다는 설도 있는데, 둘 다 돈키호테 같은 기질이었으므로 그랬을 수도 있겠지요. 어쨌든 장준하 측근은 박정희를 암살한 김재규를 여전히 민주열사로 추앙하고 있어요.

장준하가 박정희 비판을 지속하면서 『사상계』 동인이 분열되었는데, 대부분 박정희 정부를 지지하고 장준하를 비롯한 일부 인사가 이른바 재야를 형성하게 되었지요. 재야를 'opposition'으로 번역하면 문제가 있는데, 야당을 의미하기 때문이에요. 그래서 영국의 비국교도, 좀 더 일반적으로 말해서 반체제인사를 의미하는 'dissident'로 번역하는 것이지요.

『사상계』 동인의 분열을 상징한 가장 중요한 사례는 장준하와 김준엽의 결별이었습니다. 평북 강계에서 출생한 김준엽(1920-2011)은 게이오대학 재학 중에 학병으로 징집되었어요. 해방 이후에도 중국에 남아 강사생활을 하면서 대학원에 다닌 그는 1949년 중국혁명 이후 귀국하여 고려대 사학과 교수로 부임했지요. 1957년에 포드재단의 지원으로 설립한 공산권연구소인 아세아문제연구소장을 역임한 김준엽은 윤보선의 사돈이기도 했어요. 김준엽의 자서전이 『장정』(5권, 1987-90, 2001)인데, 특히 1-2권인 '나의 광복군 시절'을 장준하의 자서전 『돌베개』와 비교해볼 수 있겠지요.

1962-82년의 20년 동안 아세아문제연구소장으로 재직한 김준엽의 가장 중요한 업적은 『한국공산주의운동사』(5권, 1967-76)의 발간이었습니다. 공저자인 김창순은 그 공로로 중앙정부보 산하 북한연구소 종신이사장으로 부임할 수 있었고요. 또 『육당 최남선 전집』(15권, 1973-75)을 발간한 것도 중요한 업적이었지요.

동인이 분열하고 장준하마저 정계로 진출하면서 『사상계』는 결국 1970년에 폐간되고 말았습니다. 그리고 그 전통을 계승한 것이 1966년에 약관 29세의 서울대 영문학과 전임강사 백낙청이 창간한 『창작과비평』이었지요. 백낙청이 『창작과비평』을 창간할 수 있었던 데는 집안 내력도 크게 작용했던 것 같습니다. 나중에 기회가 있으면 설명하겠지만, 그의 집안은 평북 정주에서 세거(世居, 대를 이은 거주)해온 한국 유수의 중인 집안인 수원 백씨이지요.

백낙청과 『창작과비평』에 대해서는 창비50년사편찬위원회의 『한결같되 날로 새롭게: 창비50년사, 1966-2015』(창작과비평사, 2016)를 참고할 수 있습니다. 『창작과비평』 50년사는 1988년을 기준으로 크게 둘로 나누고, 또 1988년 이전은 유신시대 직전, 유신시대, 유신시대 직후의 전두환 정부로, 1988년 이후는 김대중 정부 이전과 노무현 정부 이후로 나눌 수 있지요.

창비30주년 직후에 이미 「진보적 학술문화운동의 산실, '창작과비평'」(『역사비평』, 1997년 여름)에서 남민전(남조선민족해방전선)준비위원회 관련자이자 문학평론가인 임헌영 선생이 '『창비』는 성공했으나 민족운동사의 현실은 실패했다'는 평가를 제시했습니다. 『창작과비평』이 '너무 오래 살았다'(sich überleben)는 말인데, 그런 것을 좀비라고 부르지요.

『창작과비평』의 전성기는 유신시대였습니다. 1970년에 역시 약관 29세의 서울대 불문학과 전임강사 김현이 창간한 『문학과지성』과 분리 정립하여 『사상계』의 후계자 지위를 확보할 수 있었기 때문이지요. 유신 이전은 일종의 준비기였다고 할 수 있고요. 초창기 『창작과비평』은 사르트르의 『현대』(*Les Temps Modernes*)를 모방하여 창간호에 사르트르의 『현대』 창간사를 번역·게재하기도 했어요.

백낙청은 박사논문을 쓰려고 1969년에 재차 도미하여 1972년에 귀국했습니다. 그 사이 『창작과비평』을 운영한 사람이 덕성여대를 거쳐 영남대에 재직한 염무웅이었는데, 그는 『창작과비평』을 대표하는 단행본인 하우저(Arnold Hauser, 헝가리의 미술사가)의 『문학과 예술의 사회사』(원제: '미술과 문학의 사회사') 번역을 계기로 백낙청과 인연을 맺게 되었지요. 국내에서 대학을 다니지 않았던 백낙청과 달리 서울대 출신이었던 염무웅의 인맥 덕분에 『창작과비평』의 필진이 확대될 수 있었던 것이에요.

어쨌든 유신시대에 들어와 초창기 『창작과비평』의 시민문학론이 민족문학론으로 변모했고, 더욱이 한국사학계와 사회과학계의 필진을 확보할 수 있었습니다. 이에 따라 창작의 모범이 김수영 시인에서 신동엽 시인으로 대체되면서 황석영 작가도 필진으로 가담했고, 한국사학자 강만길(1933-, 경남 마산)과 국제정치학자 이영희(1929-2010, 평북 삭주)도 필진으로 가담했던 것이지요.

『문학과지성』과 달리 『창작과비평』이 단순한 문예지를 넘어 『사상계』를 계승한 정론지가 될 수 있었던 것은 이 때문입니다. 나아가 유신시대에 백낙청이 해직되면서 개신교계 해직교수를 중심으로 한 재야인사와의 교류가 심화되기도 했고요. 민중사회학자 한완상과 민중신학자 안병무가 대표적이었는데, 물론 그들이 『창작과비평』의 필진으로 포섭되었던 것은 아니에요. 『창작과비평』과 『문학과지성』

의 비교는 백영서, 「'창작과비평', '문학과지성'을 말한다: 김병익·염무웅 초청 대담」(『동방학지』, 2014년 3월)을 참고하세요.

돌이켜보면, 『창작과비평』이 『사상계』를 계승하면서도 그 한계를 극복할 수 있었던 데는 강만길의 참여가 결정적이었다고 평가할 수 있습니다. 한국사학계의 한우근과 김철준이 『사상계』의 필진으로 참여하기는 했어도 아직 역사이론의 주도권은 베버 연구자인 최문환과 프랑스혁명 연구자인 민석홍에게 있었다고 할 수 있거든요. 그러나 『창작과비평』에서는 강만길 덕분에 한국사학계가 역사이론을 주도할 수 있었던 것이지요.

이경란 박사의 「1950-70년대 역사학계와 역사연구의 사회담론화: 『사상계』와 『창작과비평』을 중심으로」(『동방학지』, 2010년 12월)를 참고하면서 간단하게 설명해보겠습니다. 또 신주백 박사의 「관점과 태도로서 '내재적 발전'의 분화와 민중적 민족주의 역사학의 등장: 민중의 재인식과 분단의 발견을 중심으로」(『동방학지』, 2014년 3월)도 참고할 수 있고요.

『사상계』는 식민사관의 타율성론과 정체성론을 극복하지 못한 반면 『창작과비평』은 김용섭이 제시한 사회경제사관의 내재적 발전론, 즉 자본주의 맹아론과 한국학(한국국학)을 그 대안으로 제시할 수 있었습니다. 그러나 『창작과비평』의 재야사관을 상징했던 것은 나중에 강만길이 제시한 분단사관이었어요.

좀 더 자세하게 설명해보면, 유신 직후인 1973년에 박종홍이 '주체적 민족사관'을 제창하면서 급기야 내재적 발전론이 분화되고 신채호도 복권되었습니다. 또 한국사교육을 강화한다는 명분으로 사회과통합교육을 폐기하는 동시에 세계사(서양사 중심의 외국사)교육에서도 분리하면서 한국사교과서를 국정화했지요. 김대중 정부부터 세계사교육과의 분리와 함께 한국사교과서의 국정화는 논란이 되었으나 사회과통합교육의 폐기는 거론조차 되지 않았어요.

어쨌든 강만길이 박종홍의 주체적 민족사관에 대한 대안으로 제시한 것이 바로 장준하의 분단체제론을 역사이론으로 발전시킨 분단사관이었습니다. 그러나 사회과학계나 세계사학계가 아니라 한국사학계가 역사이론을 주도한다는 것은 강만길과 박종홍이 공유하던 입장이었어요.

분단사관의 핵심은 해방부터 통일국가까지, 좀 더 연장하면 개항부터 통일국가까지가 하나의 시대, 즉 분단시대라는 것이었습니다. 또 분단시대는 통일운동이 주도한다는 것이었고요. 강만길은 1984년에 창작과비평사에서 분단사관에 따른 『한국근대사』와 『한국현대사』를 출판했는데, 사회경제사가 아니라 정치사·운동사 위주였지요. 경제사는 상대화되어 사회사, 즉 문화사와 동일한 비중이었고, 그나마 문화사도 정치사·운동사로 편입되었거든요.

분단사관으로 상징되는 재야사관이 본질적으로 인민주의적이었다는 한계는 이미 1975년에 지적되었습니다. 이기백이 주체적 민족사관을 기각하는 동시에 분단사관은 민중사관이 아닌가라는 문제를 제기했던 것이지요. 강만길과 달리 이기백이 『창작과비평』이 아니라 『문학과지성』에 친화성를 보였던 것도 결국 이런 문제와 관련되었던 것이고요.

물론 1970년대 중반까지는 아직 인민이나 민중에 대한 개념화가 존재하지 않았습니다. 한완상이 사회학적 민중 개념을 제시하고 박현채가 마르크스주의적 민중 개념을 제시한 것은 1978년이었거든요. 전자는 안병무의 민중신학과 관련된 것이었고 후자는 박현채 자신의 민족경제론과 관련된 것이었지요. 분단사관과 관련된 것은 물론 후자가 아니라 전자였고요.

이영희에 대해서도 간단하게 설명해두겠습니다. 『조선일보』 외신부장 출신인 그의 기여는 베트남전쟁과 중국혁명의 소개였어요. 특히 베트남전쟁에 대한 소개는 한일국교정상화에 대한 비판을 베트남참전에 대한 비판과 연결시키지 못한 『사상계』의 친미반공주의적 한계를 극복하는 것이었지요. 그러나 중국혁명에 대한 소개는 문제가 많았는데, 서울공고와 한국해양대를 졸업한 그의 지식은 역시 저널리즘적이었을 따름이에요.

베트남전쟁에 대한 이영희의 소개에도 물론 근본적 한계가 있었습니다. 미군통역장교로 한국전쟁에 참전한 경력에 대한 자기비판과 연결시키지 못했는데, 두 전쟁이 공유한 민족해방전쟁이라는 본질을 인식할 수 없었기 때문이에요. 그 결과 베트남전쟁기에 김일성 주석이 시도한 통혁당(통일혁명당) 창당 같은 '제2전선' 형성에 대해서도 부정적 입장으로 일관했을 따름이지요. 이런 맥락에서 박현채가 이영희를 특히 싫어했다는 사실을 지적해두겠어요.

『문학과지성』을 대표한 김현에 대해서도 언급해두겠습니다. 그는 6세 연상의 국문학자 김윤식과 함께 『한국문학사』(민음사, 1973; 개정판: 민음사, 1996)를 출판했는데, 그 역사이론이 바로 김용섭의 내재적 발전론이었지요. 『창작과비평』과 마찬가지로 1980년에 폐간된 『문학과지성』은 1988년에 복간되면서 『창작과비평』과 달리 『문학과사회』로 개편되었어요. 간암 투병 중이던 김현이 정과리 같은 제자에게 편집권을 이양한 것인데, 그 때문에라도 『문학과지성』은 『창작과비평』 같은 좀비가 되지 않을 수 있었던 것이에요.

어쨌든 분단사관의 한계가 부각되었던 계기가 바로 『창작과비평 1985』(무크 1호)에서 제기된 박현채와 이대근의 한국사회성격 논쟁이었습니다. 그러나 백낙청은 제가 참여한 『창비 1987』(무크 2호)의 좌담에서 한국사회성격 논쟁의 결론을 수용하는 대신 신식민지국가독점자본주의론의 대안이 오히려 분단사관이라고 강변했어요.

따라서 『창작과비평』의 역사이론인 분단사관도 한국사회성격 논쟁에 연루되었다고 할 수 있습니다. 물론 좀 더 본격적인 논쟁은 사회경제사관의 복원을 주창한 한국사학계 소장 연구자들에 의해 제기되었는데, 물론 강만길은 분단사관을 고수했지요. 박현채처럼 후배들에 앞서 논쟁을 인도하기는커녕 오히려 뒤에서 후배들의 논쟁을 방해했던 것이에요.

1980년대의 이런 논쟁에 대해 이영희는 속으로 반발하면서도 겉으로는 오불관언했습니다. 그러나 김구주의자였다고 고백한 적이 있는 그도 역시 강만길처럼 인민주의적 반공주의자였지요. 소련과 중국이 사회주의를 포기하자 유럽식 코퍼러티즘이 그 대안이라고 강변한 그에게 역사이론 같은 것은 없었어요.

백낙청은 박현채도 유신 시절부터 『창작과비평』의 주요 필진이었다고 주장하고 있지만, 논란의 여지가 많습니다. 1978년에 출판된 박현채의 대표작인 『민족경제론』은 『동아일보』 해직기자였던 김언호가 설립한 한길사에서 출판되었거든요. 또 한국사회성격 논쟁 이전의 주요 저작도 한길사를 비롯해서 풀빛·까치·학민사 등에서 출판되었고요.

백낙청이 박현채의 논문집 『민족경제와 민중운동』을 출판한 것은 1988년이었습니다. 동시에 통일운동과 민주화운동의 관계를 주제로 한 『창작과비평』의 좌담에 박현채를 초빙하여 저와의 '이간질'을 시도하기도 했고요. 분단사관의 결여가 오히려 신식국독자론의 한계라는 반비판을 제기했던 것인데, 당연하게도 박현채의 지지를 받지는 못했어요. 강만길·이영희와 박현채의 차이에 대해 백낙청이 그만큼 무지했다는 방증이라고 할 수 있겠지요.

유신시대와 전두환 정부에서 『창작과비평』의 필진으로 가담하지 않은 또 다른 주요한 사례는 고은이었습니다. 그는 자유실천문인협의회를 조직하고 그 기관지로 『실천문학』을 창간했지요. 물론 결국에는 창작과비평사에 포섭되어 1987년부터 『백두산』과 『만인보』를 출판하게 되었지만요. 그러나 고은은 여전히 미국유학파, 게다가 하버드대학 박사라는 백낙청의 이력이 남한사회에서 갖는 특혜의 문제를 지적하고 있어요.

어쨌든 이번에 출판된 『한결같되 날로 새롭게』에서는 이일영 교수와 유동민 교수가 박현채와 한국사회성격 논쟁에 대해 정리하고 있습니다. 이 교수는 박현채의 제자 그룹을 자처하던 한국사회과학연구소의 성원인데, 김대중-노무현 정부에 참여한 바 있는 그들의 지론은 신식국독자론이 아니라 민족경제론이 박현채의 본심이었다는 것이지요. 한사연에 대한 비판은 『일반화된 마르크스주의 개론』을 참고하세요.

언뜻 보면 유 교수도 한사연의 입장에 동조하는 것 같습니다. 그 역시 박현채의 사상에서 민족경제론에 비해 신식국독자론은 부차적이었다고 주장하고 있거든요. 그러나 그는 이 교수보다 한 걸음 더 나아가 민족경제론은 '진보적 민족주의 진영의 일반적 정서를 이론화한 것'이었을 따름이라고 주장하고 있지요. 민족경제론이 박현채에게 고유한 독창적 사상은 아니라는 것이에요.

제가 듣기로는, 유동민 교수의 부친이 이수병과의 인연으로 인혁당(인민혁명당)재건위원회에 참여했었다는데, 이 때문에 그런 엉터리 주장을 제기한 것 같습니다. 그러나 인혁당재건위는 인혁당과 별로 관계가 없어요. 특히 박현채를 비롯한 기호지방 출신의 인혁당 관계자는 전혀 참여하지 않았거든요. 그런 상황에서 이수병을 비롯한 영남지방 출신이 대거 참여하여 역시 영남지방 출신이던 인혁당 관계자 도예종을 지도자로 옹립했던 것이지요.

『일반화된 마르크스주의 개론』에서 이미 지적한 것처럼, 인혁당이 조작이었다는 주장은 어불성설입니다. 인혁당재건위조차 조작은 아니었고요. 물론 인혁당재건위 관계자에 대한 가혹한 처형이 정당했다는 말은 아닌데, 그러나 부르주아 국가에 대한 배상금 청구도 역시 정당하지는 않았다는 말이지요. 인혁당, 나아가 인혁당재건위와의 관계에 대해서는 전명혁 박사의 「1960년대 '1차 인혁당' 연구」(『역사비평』, 2011년 여름)를 참고하세요.

처변삼사와 망국사에 대한 보론

이제까지의 개관을 좀 더 구체화해보겠습니다. 특히 신민회의 분화에 주목할 것인데, 윤치호의 친일반공주의와 이동휘의 반일공산주의로의 분화가 그것이지요. 먼저 윤치호의 친일반공주의와 그것을 계승한 친미반공주의, 그 중에서도 흥사단·서북청년회와 구별되는 한신대의 친미반공주의에 대해 설명하고, 이어서 이동휘의 반일공산주의에서 비롯된 한국공산주의의 역사에 대해 설명하겠어요.

그런데 신민회의 분화에 대해 설명하기 전에 1910년 경술국치에 대한 지식인의 반응을 설명할 필요가 있습니다. 의병대장 유인석은 '나라의 위기에 생명을 바친다'(見危致命, 자장)는 『논어』의 말씀에 따라 '처변삼사'(處變三事), 즉 '국망이라는 변고에 대처한 사대부(士大夫, 벼슬을 한 선비(大夫)와 하지 않은 선비(士))의 세 가지 행동 방침(action plan)'을 제시했는데, 이미 지적한 것처럼, 그는 송시열의 후예이자 위정척사의 주창자인 이항로의 제자였어요. 처변삼사는 유럽식으로 말해서 노블레스 오블리주(Noblesse oblige, 귀족의 책임)였는데, 다만 엘리트로서 사대부와 귀족은 구별해야 하지요.

유인석이 말한 처변삼사는 순의(殉義), 수의(守義), 거의(擧義)였습니다. 순의는 의리(義理, 올바른 도리)를 위한 순절(殉節)이라는 의미였고, 수의는 의리를 위한 망명이라는 의미였으며, 거의는 의리를 위한 거병(擧兵)이라는 의미였지요. 여기서 거병은 의병운동 또는 좀 더 일반적으로 말해서 무장투쟁이었고요.

순의를 실천한 대표적 선비는 송시열의 9대손으로 당대의 산림이자 669년 통일신라부터 철종 재위기인 1864년까지 한국봉건제의 역사인 『동감강목』을 집필한 송병선, 유인석의 사형인 최익현, 홍명희의 부친인 홍범식, 그리고 고종이 등극한 1864년부터 1910년 국망까지 미완성의 당대사인 『매천야록』을 집필한 황현이었습니다. 다만 앞의 두 사람은 을사조약에 즈음하여 순국했고, 뒤의 두 사람은 경술국치에 즈음하여 순국했지요.

특히 황현은 절명시(絶命詩, 죽을 때 쓴 시)로 칠언절구 네 수를 남겼습니다. 그 중 세 번째 수의 전구(轉句)와 결구(結句)가 후대 지식인의 심금을 울린 바 있지요.

가을 등불 아래 책 덮고 지난 역사 생각해보니,	秋燈掩卷懷千古,
사람 사는 세상 지식인 노릇 어렵기만 하구나.	難作人間識字人.

황현은 다음과 같은 유서도 남겼어요.

> 나는 [벼슬을 하지 않았으므로] 죽을 만한 의리는 없지만, 다만 나라가 선비를 기른 지 오백 년인데, 나라가 망하는 날 그 난국에 죽은 자 한 사람도 없다면, 어찌 마음이 아프지 않겠느냐. 내가 위로는 하늘이 주신 본성을 저버리지 않고, 아래로는 평소에 읽은 서책을 저버리지 않으려면, 조용하게 죽는 것이 아주 즐거운 일임을 참으로 깨달았으니, 너희는 너무 슬퍼하지 말거라.
>
> 吾無可死之義, 但國家養士五百年, 國亡之日無一人死難者, 寧不痛哉. 吾上不負皇天秉彝之懿, 下不負平日所讀之書, 冥然長寢良覺痛快, 汝曹勿過悲.

전남 광양 출신인 황현은 황희의 15대손이었는데, 10대조 황진은 임진왜란 때 서인 권율의 휘하에서 기호근왕병을 지휘하다가 진주성 전투에서 순국했습니다. 또 8대조 황위는 문과에 급제했는데, 병자호란 때 서인 김상헌과 함께 척화를 주장했고요. 그러나 그 후에는 향반(鄕班)으로 영락하여 황현에 이른 것인데, 그 역시 벼슬을 하지는 못했어요. 그러나 절친이던 이건창의 조부처럼 '죽지 않아도 될 처지에서 배운 바를 저버리지 않으려고' 순의한 것이었지요.

그런데 순의보다 어려운 것이 수의였고 거의였습니다. 브레히트 시의 제목 '살아남은 자의 슬픔'은 오역에 가까운데, 원어로는 그냥 'Ich, der Überlebende'(살아남은 나)이거든요. 황현이 말한 '죽은 자의 즐거움'에 대응하는 것은 사실 '살아남은 자의 괴로움'이에요. 수의와 거의는 비슷한데, 유인석 자신의 경우처럼, 망명의 목적이 무장투쟁이었고 무쟁투쟁을 하려면 망명할 수밖에 없었기 때문이지요. 망명과 무장투쟁은 슬픔이 아니라 괴로움이었고요.

물론 살아남은 자의 괴로움이 망명과 무장투쟁이라는 것은 위정척사파 의병대장 유인석의 주장이었습니다. 망명을 하더라도 신민회 출신의 이회영·시영 형제와 이동녕처럼 대종교도로서 무장투장을 시도할 수도 있었고, 역시 신민회 출신의 이동휘처럼 마르크스주의자로서 공산당 건설을 시도할 수도 있었거든요. 또 그들과는 달리 국내외에서 애국계몽운동과 실력양성운동을 지속한 신민회 출신의 감리교도 윤치호와 장로교도 안창호도 있었고요.

이런 차이는 결국 망국의 원인에 대한 인식의 차이에서 비롯되었던 것인데, 그래서 망국에 즈음하여 일련의 망국사(亡國史, 국가멸망사)가 출현했던 것입니다. 황현의 『매천야록』이 망국사였고, 독립협회의 핵심 회원이었던 정교의 『대한계년사(季年史, 말년사)』도 망국사였지요. 정교는 황현처럼 1864년 고종 즉위부터 1910년 경술국치까지 당대사를 서술했어요.

그러나 망국사를 상징한 것은 박은식의 『한국통사(痛史, 아프고 슬픈 역사)』였는데, 그 역시 신채호와 함께 신민회 출신이었습니다. 신채호처럼 국수주의자였던 그는 그러나 신채호와는 달리 아나키스트로 전향하지는 않았어요. 그의 망국사도 황현·정교의 망국사처럼 1864년 고종 즉위에서 시작했는데, 그러나 신민회와 105인사건까지 서술했다는 차이가 있었지요. 또 편년체가 아니라 기사본말체라는 차이도 있었고요.

박은식은 「서언」(緖言)에서 '국가는 소멸할 수 있어도 역사는 소멸할 수 없다'(國可滅, 史不可滅)고 주장했습니다. 이것은 『고려사』의 전문(箋文, 임금에게 올리는 글)에 나온 구절의 인용이었는데, 본래는 신왕조가 구왕조의 역사를 편찬하던 역대수사(易代修史)의 관행을 의미했어요. 여기서는 물론 국망에 즈음하여 『한국통사』를 집필한 동기를 설명한 것이었고요. 박은식에게 국가는 물질이고 역사는 민족정신, 즉 국수(國粹)였다는 사실도 지적해두겠어요.

박은식은 '아프고 슬픈 역사'의 발단으로 흥선대원군의 결함을 강조했습니다. '학식이 없다'(無其學)는 것이었는데, 당황조의 사학자 유지기가 말한 '세 가지 장점'(三長) 중 재능보다 훨씬 더 중요한 학문과 식견이 없었다는 의미였지요. 그 결과 역사(會通古今)와 정세(觀察中外[時勢])에 무지하여 망국의 계기를 제공했다는 것이고요.

그러나 망국을 완성한 사람은 역시 고종과 그의 왕비 민씨, 즉 민비였습니다. 이태진 교수가 고종과 민비의 복권을 추진했는데, 그러나 반론도 만만치 않았지요. 왕권을 국권으로 착각한 고종은 왕실재정인 내탕고를 국가재정인 국고와 혼동했는데, 국고가 그 절반 규모인 내탕고에서 차입해야 할 정도였어요. 고종이 내탕고를 토대로 현대화를 추진했다는 주장은 터무니없는데, 좀 더 자세한 설명은 하원호 교수의 「고종: 구국의 '우리 황제'인가? 망국의 인물인가?」(『내일을 여는 역사』, 2001년 가을)와 「망국의 리더쉽, 고종의 리더쉽」(『내일을 여는 역사』, 2015년 봄)을 참고하세요.

그런 고종을 오도한 사람이 바로 임오군변 때 발탁된 보부상 출신의 금광업자였던 이용익이었습니다. 함남 북청 출신인 그는 태조 이성계의 이복형이자 문익점의 사위였던 이원계의 후손이기도 했는데, 위화도회군에 반대하여 자결한 이원계를 복권시켜준 사람이 바로 고종이었어요. 이용익은 친청파이자 구실세였던 민영휘를 대체한 친러파이자 신실세였는데, 윤치호는 일기에서 '조선인 입장에서 일본인보다 더 위험한 적'이라고 비판한 적이 있지요.

홍선대원군의 섭정을 끝내고 고종의 친정을 시작한 주역이었던 민비에 대해서도 한 마디만 하겠습니다. 그녀가 고종을 이용한 것인지 아니면 오히려 고종에게 이용당한 것인지 논란이 있다는데, 결정적인 것은 홍선대원군이 몰락하면서 외척세도의 척결도 중도반단되었다는 사실이지요. 더 자세한 설명은 장영숙 박사의 「왕조의 유산 속에 근대의 교량을 넘어서지 못한 대원군」(『내일을 여는 역사』, 2006년 봄), 「명성황후에 대한 북한의 인식과 평가」(『상명사학』, 10-12집, 2006), 그리고 관련 논문을 참고하세요.

박은식은 일본의 '사기'(行詐獲利)에 넘어간 문명개화파, 특히 독립협회를 비판했습니다. '지식의 근본이 또한 유약·치졸·조잡·천박(幼穉粗淺)을 면치 못했는데, 허영 때문에 조급하여 광분·질주하다가 결국 실족했다'는 것이지요. 국수주의자로서 그의 대안은 고구려 상무정신의 계승이었고, 이를 위해 통일신라 이후 은폐되어온 고대사를 복원하려던 것이 바로 신채호의 과제였어요.

여기서 박은식과 신채호에 대한 양계초의 영향을 발견할 수 있는데, 사회진화론의 관점에서 인식된 망국사가 그 핵심이었습니다. 양계초의 망국사를 대표한 것이 바로 『월남망국사』였어요. 1905년에 출판된 이 책은 일본에 망명했을 때 그가 베트남 망명객 소남자(巢南子)와 의기투합하여 공저한 것이었지요. 1907년에 주시경이 국역한 『월남망국사』는 1909년에 금서가 되었어요.

주일 중국공사관의 참사관이었던 황준헌은 1880년에 『조선책략』을 집필하여 수신사(修信使) 김홍집에게 전달했는데, 그는 양계초의 스승인 강유위의 동료였습니다. 황준헌은 러시아의 남하를 저지하기 위해 조선이 친(親)중국·결(結)일본·연(聯)미국[/영국]정책을 채택해야 한다고 주장했지요. 이런 주장은 일본의 자유민권파가 설립한 홍아회(興亞會)의 지론이던 '아시아연대론'과 친화성이 있었어요. 한국사학계에서는 아시아연대론이 정한론(征韓論)과 본질적으로 동일하다는 것이 통설인데, 논란의 여지가 많지요.

강유위와 양계초가 추진한 1898년의 변법운동도 역시 영국·미국·일본의 지원을 받았던 것인데, 물론 실패했습니다. 변법운동이 실패한 직후 양계초는 그 이유를 역사, 특히 경세사에 대한 무지에서 발견했어요. 당시 4억명의 인구 중에서 읽고 쓸 수 있는 자는 1% 남짓한 500만명이었는데, 그 중 2%인 10만명이 중국사를 알았고, 그 중 5%인 5천명이 세계사(서양사)를 알았으며, 그 중 3%인 백 수십 명이 경세사(經世史, 사회경제사)를 알았을 따름이었다는 것이지요. 전동현 교수의 「청말 양계초의 대한제국기 한국 인식: 망국-자강 개념을 중심으로」(『중국사연구』, 34집, 2005)를 참고하세요.

이에 대한 해결책이 바로 망국사의 집필이었고, 그 역사이론이 바로 사회진화론이었던 것입니다. 따라서 망국사는 망국의 원인을 내부에서 찾았는데, 맹자의 말처럼, '나라는 반드시 스스로 친 그 다음에 다른 나라가 친다'(國必自伐而後人伐之)는 것이었어요. 물론 사회진화론이 역사의 보편적 인과법칙으로 타당한 것은 아니었기 때문에 중국에서는 곧 마르크스의 역사과학으로 대체되었지요.

좀 더 설명해보면, 1840년 아편전쟁 이후 증국번과 그의 제자 이홍장이 태평천국농민전쟁을 진압하는 동시에 양무운동을 추진했습니다. 그러나 1894-95년 청일전쟁의 패배로 그 한계가 드러나면서 강유위와 그의 제자 양계초가 변법운동을 추진했던 것이지요. 또 변법운동이 실패한 다음에는 손문이 황흥·장병린과 함께 신해혁명을 추진했다가 역시 실패했던 것이고요.

그런데 『봉건제론』에서 이미 지적한 것처럼, 손문은 신해혁명이 실패하자 '아는 것이 어렵고 하는 것은 쉽다'(知難行易)라고 개탄한 바 있습니다. 『서경』의 가르침과는 정반대였는데, 사상투쟁이 어렵고 오히려 무장투쟁이 쉽기 때문이었지요. 그리고 이에 호응한 진독수의 신문화운동을 거쳐 5·4운동에서 이대교(이대조)가 마르크스의 역사과학을 수입했던 것이에요.

윤치호의 반공주의

먼저 역사학에서 전기의 역할에 대해 설명해두겠습니다. 신민회의 분화란 개인의 선택일 수밖에 없었거든요. 여기서 개인은 물론 헤겔의 개인, 즉 일상생활의 '실망'(Aussichtslosigkeit, 전망의 상실)으로부터 고양되어 '(자기)보존적 개인'(erhaltendes Individuum)에서 변모된 '세계사적 개인'(welthistorisches Individuum)이었지요. 국망에 즈음하여 처변삼사를 고민한 개인은 대부분 지식인이었는데, 물론 그렇지 않은 경우도 종종 있었어요. 예외 없는 법칙은 없었다는 것이에요.

사마천이 『사기』에서 열전(列傳)을 발명한 이래 전기는 역사학의 일부였습니다. 1990년대 이후 남한에서도 전기가 위인전을 벗어나 평전(critical biography, 비판적·비평적 전기)으로 발전했는데, 김인식 교수의 「한국근현대인물평전의 약사와 전망」(『중앙사론』, 39집, 2014)을 참고하세요. 또 『한국인물사연구』 창간호(2004)에 실린 허동현 교수의 개화기인물사와 이명화 박사의 독립운동기인물사, 2호(2004)에 실린 도진순 교수의 현대인물사도 참고할 수 있고요.

인물사를 공부하다 보니까 집안이나 고향이 아주 중요하다는 사실을 새삼 깨닫게 되었습니다. 공자는 '향원은 덕을 해치는 사람이다'(鄕原德之賊也)라고 말한 적이 있는데, 맹자에 따르면, 향원은 사이비(似而非) 군자, 즉 속으로는 소인인데 겉으로만 군자인 척하는 사람이었지요. 그러나 주희처럼 마을에서 원인(原=愿人, 신중하고 성실한 사람)으로 칭송받는 사람이라고 해석할 수도 있어요. 이렇게 해석할 경우, 군자가 되려면 혈연·지연을 학연으로 지양해야 한다는 의미인데, 바로 이것이 주희가 제자 유청지와 함께 편찬한 『소학』의 주제이기도 했지요.

그러나 이런 의미의 학연이 단절되어온 현대한국에서는 결국 혈연이나 지연이 인간적 유대를 대표해왔습니다. 개인이 집단을 형성하려면 유대가 필요했는데, 그것이 혈연·지연·학연이었지요. 혈연을 지연으로 지양하지 못한 것이 가족주의였고, 지연을 학연으로 지양하지 못한 것이 지역주의였으며, 학연을 진리로 지양하지 못한 것이 학벌주의였어요.

얼마 전에 이세돌 9단이 알파고에게 패배하면서 인공지능(AI)에 대한 대중적 관심이 제고되었습니다. 심지어 정보통신기술(ICT)의 '3차 산업혁명'을 넘어 '4차 산업혁명'이 시작되었다는 새로운 미래학까지 유포되고 있고요. 2007-09년 금융위기를 계기로 자본주의의 위기와 전망에 대한 논란이 제기되면서 그 대안으로 인공지능이 주목되고 있기 때문이지요.

그런데 인공지능의 잠재력뿐만 아니라 또한 그 한계도 주목할 필요가 있는 것입니다. 인공지능은 학습(學習, learning by study)의 능력이 뛰어난 대신 아직 지각의 능력은 없거든요. 지각, 즉 감각적 지식은 'perception'을 번역한 것인데, 달리 말해서 '보고 배운 지식', 즉 견학/견습(見學/見習, learning by inspection/observation)을 통해 얻은 지식이라는 의미입니다. 학습이 아니라 견학/견습을 통해서는 지식을 얻을 수 없다는 것이 인공지능의 한계라는 것이지요.

이제 진정한 의미에서 학연이 부재하는 상황에서 혈연이나 지연이 중요한 이유를 알 수 있을 것입니다. 가족이나 이웃에게서 보고 배운 것이 그의 지식을 결정하기 때문이에요. 혈연이나 지연에서 유래하는 지식을 지양할 수 있는 학교교육이 부실한 상황에서는 학연조차 혈연이나 지연에 의해 지배되기 마련이고요.

역사학에서 전기의 역할에 대해 이론적으로 검토해볼 수도 있습니다. 구조와 행위(agency) 또는 행위자(agent)의 결합을 시도하는 사회학의 관점에서 전기는 구조의 역사와 구별되는 행위·행위자의 역사이지요. 좀 더 자세한 설명은 해리스(Kevan Harris)와 맥퀘이드(Brendan McQuade)의 "Notes on the Method of World-System Biography" (*Journal of World-Systems Research*, Summer/Fall 2015)를 참고하세요.

물론 『역사학 비판』(공감, 2012)에서 설명한 것처럼, 마르크스주의는 개인의 행동 그 자체가 아니라 제도와 이데올로기에 주목하는데, 제도는 구조에 적합한 '행동의 규칙'(code of conduct)이고 이데올로기는 그것을 상징하는 '행동의 규범'(norm of conduct)입니다. 그러나 마르크스주의가 그런 규칙·규범과 관련된 개인의 행동에 전혀 관심이 없는 것은 아니에요. 예를 들어 마르크스주의의 관점에서도 마르크스의 전기를 집필할 수 있다는 것이지요.

『한국자본주의의 역사』에서 이미 고백한 것처럼, 윤치호는 저와 같은 해평(경북 선산) 윤씨로 제 증조부 뻘입니다. 아무래도 제가 가장 잘 아는 집안은 해평 윤씨일 수밖에 없으므로, 사례연구 삼아 설명해보겠어요. 현재 3만 명 정도로 추산되는 해평 윤씨는 절반 이상이 12대손인 오음 윤두수와 월정 윤근수 형제분의 후손인데, 네 아들이 모두 문과에 급제한 오음 할아버지의 후손은 번창한 반면 아들 여섯 중 넷이 요절하고 결국 종가까지 절손된 월정 할아버지의 후손은 그렇지 못했지요.

해평 윤씨의 문과급제자는 113명으로 인구의 비중을 고려할 때 조선 최고의 합격률이었습니다. 또 이수건 교수의 후배격인 차장섭 교수의 『조선후기 벌열(閥閱, 문벌) 연구』(일조각, 1997)에 따르면, 당상관의 수를 고려할 때 후기조선의 문벌 중 6위였지요. 1-5위의 문벌은 안동 김씨, 반남(전남 나주) 박씨, 대구 서씨, 동래 정씨, 남양(경기도 화성) 홍씨였고요.

오음 할아버지의 후손 중 문과급제자는 80명이나 되고 또 거의 모두가 당상관이어서 문벌이라는 평가를 받았던 것입니다. 그러나 유독 둘째 아들의 후손만은 문과급제자가 둘째 아들 본인을 포함하여 3명밖에 안 되었는데, 윤치호는 바로 이 둘째 아들의 후손이었어요. 저희 월정 할아버지의 후손은 대부분 둘째 아들의 후손인데, 역시 문과급제자는 4명밖에 안 되었지요. 윤치호나 저나 해평 윤씨 중에서는 영락한 집안의 후손이었던 셈이에요.

윤치호의 고조부(17대손)는 서얼이어서 후손 중 문과급제자는 없었습니다. 반면 적자인 이복형의 아들과 손자는 부자가 문과에 급제했지요. 또 그 손자도 생원이었고요. 그러나 해평 윤씨로서는 이례적으로 소론을 지지했는데, 당시는 영·정조의 탕평정치로 붕당정치가 소멸하던 시기였어요. 월정 할아버지의 후손도 같은 항렬에서 부자가 문과에 급제했습니다. 또 그 손자는 진사였는데, 이 분이 제 고조부였지요. 윤치호의 집안과 달리 저희 집안은 노론을 지지했고요.

윤치호의 고조부 때 수원의 집을 징발당했는데, 그 일대가 바로 정조의 신풍(新豊, 새 고향)인 화성행궁터였습니다. 충남 천안을 거쳐 아산으로 이주한 윤치호의 집안을 다시 일으킨 그의 조부는 두 아들 웅렬과 영렬을 무과에 급제시킬 수 있었지요. 그런데 윤영렬과 달리 정실에게서 적자를 보지 못한 윤웅렬의 서자가 바로 윤치호였습니다. 윤웅렬은 또 다른 소실에게서 두 아들을 더 얻었지요. 어쨌든 윤치호는 서얼 집안에서 또다시 서얼이었던 셈인데, 그러나 일제강점기의 갑부였어요.

정조의 유훈으로 시작된 세도정치기에 초시에도 합격하지 못한 제 증조부는 솔가하여 송시열의 화양서원이 있는 충북 괴산으로 이주했습니다. 제 첫째 백부는 중학교 졸업을 앞두고 사돈인 홍명희를 도와 충북 최초로 괴산에서 3·1운동을 주동했지요. 훈방 조치로 중학교를 졸업할 수 있었던 첫째 백부는 경기도 화성에서 교사생활을

하면서 동생 셋을 키웠는데, 둘째·셋째 백부는 공무원·은행원이 되었고, 제 부친은 공무원이 되었어요. 또 첫째·둘째 백부의 외아들은 교사가 되었고, 셋째 백부의 외아들은 공무원이 되었지요.

윤치호와 저의 집안 내력을 소상하게 설명한 것은 까닭이 있습니다. 서얼·무관 출신의 중인 집안이던 윤치호에게 조선에 대한 미련은 없었어요. 또 유가사상이나 마르크스주의에 대한 관심도 없었고요. 그래서 개신교도로 개종하여 나름대로 애국계몽운동과 실력양성운동에 헌신했던 것이에요. 물론 로크적 의미에서 자유주의자였던 윤치호에게는 민족이 아니라 개인이 우선이었습니다. 그렇다고 해서 동년배인 서재필처럼 민족허무주의에 빠진 것은 아니었는데, 다만 민족은 종족의 공동체(Gemeinschaft, community)가 아니라 개인의 연합체(Gemeinwesen, association)였던 것이지요.

정반대로 저는 기독교에 관심이 없었습니다. 제 외가이자 고향이 북아현동이라고 했는데, 집 근처에 스크랜턴 모자가 세운 아현감리교회와 급진감리교파인 성결교파에서 세운 아현성결교회가 있었지요. 이런 저런 생각을 하다보면 제가 개신교도가 아닌 것이 오히려 신기할 정도이지요. 그러나 저는 역시 유가의 후예였고, 그래서 결국 마르크스주의자가 되었던 것인데, 올 가을에 400주기를 맞은 월정 할아버지께 부끄럽지 않은 후손이라고 자부하고 있어요.

오음 할아버지의 넷째 아들의 후손 중에도 노블레스 오블리주를 실천한 사람이 있었습니다. 제 아들 뻘인 윤기섭(1887-1959)이었는데, 월북했기 때문에 대중적으로 알려지지 못했지요. 그러나 최근에 광복군 연구자인 김광재 박사가 『윤기섭』(역사공간, 2009)이라는 평전을 출판하게 되었고, 덕분에 저도 처음으로 알게 되었어요.

윤기섭은 보성중학교 1회 졸업생이었는데, 이 학교는 이용익이 게이오의 일관교육제를 모방하여 보성소학교·전문학교와 함께 설립했습니다. 졸업 후 그는 오산학교의 교사가 되면서 신민회에도 가입했지요. 물론 개신교도로 개종했고요. 또 1911년에는 이회영·시영 형제와 이동녕이 서간도에 설립한 신흥무관학교에도 가담했어요. 서울에서 출생한 이회영·시영 형제는 저희 월정 할아버지의 제자격인 이항복의 10대손이었습니다. 충남 천안의 선비 집안에서 태어난 이동녕은 이동휘와 아무런 혈연관계도 없었고요.

1913년에 이회영·시영 형제와 이동녕이 결국 신흥무관학교를 포기한 다음에도 줄곧 학교를 운영해온 사람이 바로 윤기섭이었습니다. 처음에 그는 교사와 학감(學監, 교무주임)으로 봉직하다가 나중에는 교감과 교장으로 봉직했지요. 윤기섭 덕분에 신흥무관학교가 유지될 수 있었고, 3·1운동 이후에는 이청천과 이범석도 교관으로 참여할 수 있었던 것이에요.

윤기섭은 이따가 설명할 이동휘와 마찬가지로 임시정부에 가담했고, 1921-23년간 기호지방 출신의 현상유지파와 서북지방 출신의 개조파가 분열하자 양자의 타협을 시도하기도 했습니다. 그 후 그는 우여곡절 끝에 11세 연하인 김원봉의 의열단을 후원하게 되었는데, 한국전쟁 중에 월북한 것은 역시 1948년 남북협상시 월북한 김원봉과의 인연 때문이었겠지요.

오음 할아버지의 첫째 아들의 후손으로는 고종의 최측근이자 제 아버지 뻘인 윤용구(1853-1939)가 있었습니다. 국망 이후 그는 은일·은둔하면서 시서화금기(詩書畵琴碁, 문학·미술·음악·오락)로 소일했는데, 미술평론가 최열 씨의 「석촌 윤용구, 학이 되어 천 년만에 돌아온 은일지사」(『내일을 여는 역사』, 2012년 여름)를 참고할 수 있지요. 또 셋째 아들의 후손 중에는 주목할 만한 인물이 없었고요.

참고로, 은일을 '국내망명'이라고도 합니다. 영어의 'exile'은 자의에 의한 망명과 타의에 의한 추방이라는 의미가 있지요. 보통은 국외의 경우인데, 그러나 국내에도 적용할 수 있어요.

	자의	타의
국외	망명·도주	추방
국내	은일·은둔	유형

김종필이 공화당 창당자금을 조달하기 위한 이른바 '4대 의혹' 사건 때문에 외유를 떠나면서 '자의 반 타의 반'이라고 한 적이 있는데, 어폐가 있었지요. 망명·도주나 추방이 아니었거든요. 순회대사였던 그는 한일국교정상화를 추진하기도 했어요.

그런데 오음 할아버지의 첫째 아들의 후손 중에는 순종의 왕비 윤씨, 즉 윤비도 있었습니다. 윤비의 부친 윤택영과 백부 윤덕영은 저와 같은 항렬인데, 그들은 변명의 여지가 없는 친일파였지요. 그러나 윤택영의 장남 윤홍섭은 신익희의 절친으로 임시정부를 지원했어요. 또 윤택영의 작은사위이자 순종의 동서가 유길준의 아들인 유억겸이었는데, 윤치호의 후원으로 연희전문의 운영을 책임졌지요.

채무로 파산한 윤택영과 달리 윤덕영은 일제강점기의 갑부였습니다. 요즘 서촌이라고 불리는 우대(上村, 청계천 상류 마을)를 이완용과 그가 양분했을 정도였지요. 경복궁 서쪽의 통인동은 이완용의 소유였고 그 건너편 인왕산 쪽의 옥인동은 윤덕영의 소유였거든요. 그런데 본래의 서촌은 아전이 살던 우대가 아니라 정동이었고, 바로 이곳이 서인의 근거지였어요. 오음·월정 형제분의 고향은 정동의 남쪽인 서대문밖 반송방이었고, 제 고향인 북아현동도 역시 서대문밖 반송방 구역이었지요.

김상태 교수에 따르면, 일제강점기 조선 최고의 부자는 민영휘였는데, 그의 소득은 2위인 이완용의 20배였다고 합니다. 부자 중 유명인사의 서열은 14위 김성수, 17위 윤덕영, 18위 윤치호, 20위 박홍식, 21위 박영효였지요. 민영휘·이완용·박영효·윤덕영은 물론 친일파였던 반면 박홍식까지는 몰라도 윤치호나 김성수가 친일파였는가는 논란의 여지가 있어요.

윤치호 집안과 윤덕영 집안은 사이가 좋지 않았던 것 같습니다. 일제강점기 해평 윤씨의 문장(門長, 문중 최고의 어른)은 윤영렬의 차남이자 윤보선의 부친인 윤치소였는데, 실질적으로는 물론 윤치호였지요. 윤치호의 일기에는 이토(伊東)로 창씨하려는 결정에 윤덕영이 결사적으로 반대했다는 기록이 있어요. 하기야 윤덕영 같은 친일파에게는 창씨를 하든 안 하든 별로 영향이 없었겠지요.

창씨개명은 사실 친일파와 관계가 없었습니다. 창씨개명이 친일파의 충분조건은 아니었는데, 예를 들어 연희전문을 다니고 일본유학까지 한 윤동주는 창씨개명을 할 수밖에 없었거든요. 한국인 최고의 애송시인 「서시」에 나오는 '부끄럼'이나 '괴로움'이 창씨개명과 관련된 것이라는 설도 있어요. 반면 창씨개명은 친일파의 필요조건도 아니었는데, 방금 언급한 윤덕영은 창씨개명에 반대했거든요. 친일문학가 중에서 이광수·김동인은 찬성인 반면 최남선은 반대였지요. 그밖에 김성수·윤보선·방응모 등도 반대였고요.

이제부터 윤치호(1865-1945)에 대해 설명할 것인데, 『한국자본주의의 역사』에서 이미 지적한 것처럼, 아직도 국내에는 본격적 연구가 없습니다. 따라서 변변한 평전도 있을 수 없는데, 박노자·강준만 교수 같은 진보주의자조차도 개탄할 정도이지요. 김윤희 박사의 『이완용 평전: 극단의 시대, 합리성에 포획된 근대적 인간』(한겨레출판, 2011)이나 윤덕한 씨의 『이완용 평전: 애국과 매국의 두 얼굴』(중심, 1999)처럼, 이완용도 재평가할 여지가 많거든요. 이미 설명한 것처럼, 망국의 원흉은 영종과 정종을 영조와 정조로 추존한 고종이라는 간군(奸君) 또는 난군(亂君), 그리고 민비였어요.

'역사의 심판'을 빙자한 친일파 척결과 과거사 청산에 대한 비판은 『한국자본주의의 역사』에서 이미 소개한 쿤 더 쾨스테르(Koen de Ceuster) 교수의 연구를 참고할 수 있습니다. 예를 들어 「윤치호의 친일협력에 대한 재평가」(『윤치호의 생애와 사상』, 을유문화사, 1998), "The Nation Exorcised: The Historiography of Collaboration in South Korea" (*Korean Studies*, 2002 No. 2), "When History Is Made: History, Memory and the Politics of Remembrance in Contemporary Korea" (*Korean Histories*, 2010 No. 1)를 참고하세요.

그런데 윤치호에 대한 연구의 단초는 이미 존재합니다. 한국교회사의 대가인 민경배 교수가 「초기 윤치호의 기독교신앙과 개화사상: 1883년에서 1905년까지를 중심으로」(『동방학지』, 19집, 1978)와 50

주기 기념논문 「윤치호의 역사적 위치」(『신학논단』, 24집, 1996)를 발표했거든요. 윤치호가 언더우드나 아펜젤러에 비견할 수 있는 한국기독교사의 가장 중요한 인물이라는 것이 민 교수의 지론이었지요. 나아가 『물 수 없다면 짖지도 마라』라는 제목으로 윤치호의 일기를 편역한 김상태 교수는 「일제하 윤치호의 내면세계 연구」(『역사학보』, 165집, 2000)라는 논문을 발표하기도 했고요.

윤치호 연구에서 기본 사료는 그의 일기인데, 신뢰할 수 있다는 것이 중론입니다. 예를 들어 이순신의 『난중일기』나 유성룡의 『징비록』처럼 자기 처신을 변명하기 위해 사후에 조작된 흔적을 발견할 수 없기 때문이지요. 물론 사료 비평이 전혀 필요 없다는 것은 아니지만요. 그러나 필기체 판독이나 영문 해석이 너무 어려워 아직도 완역되지 못했어요.

윤치호는 갑신정변 직전 일본유학 중이던 1883년부터 시작하여 2차 세계전쟁에서 이탈리아가 항복한 직후인 1943년까지 일기를 썼습니다. 민경배 교수가 분석한 1883년부터 1905/06년까지의 일기는 한문과 국문을 거쳐 미국유학 중에 영문으로 쓰기 시작했는데, 그런 선택은 영어를 공부할 겸 비밀을 유지하기 위한 것이었지요. 또 자신의 사상을 표현할 수 있는 개념이 한문이나 국문이 아니라 영문에만 있기 때문이었고요.

1907년부터 1915년까지의 일기는 존재하지 않습니다. 1907-11년 치는 그가 신민회의 105인사건으로 체포될 때 압수되어 분실되었지요. 또 수감 중이던 1912-15년에는 일기를 쓸 수 없었고요. 출옥 직후인 1916년부터 다시 쓰기 시작한 일기는 1943년까지 지속되었는데, 다만 1936-37년 치는 무슨 까닭인지 존재하지 않아요. 김상태 교수가 편역하고 분석한 것은 1916/19-43년간의 일기였지요.

참고로, 신민회와 105인사건에 대해서는 윤경로 교수의 박사논문 『105인사건과 신민회 연구』(일지사, 1990; 개정증보판: 한성대학교 출판부, 2012)가 있습니다. 강만길 교수의 제자격이자 이만열 교수의 후배격인 그는 민족주의자였던 안창호와 달리 윤치호는 친일파였다는 통설을 지지하고 있지요. 게다가 105인사건 이후 이미 친일파로 전향했다고 주장하고 있고요. 그런데 해평 윤씨로 제 손자 뻘인 윤 교수는 오음·월정 할아버지의 후손은 아니에요.

윤 교수의 연구가 105인사건에 대한 정설이었는데, 2011년에 숭실대학교에 제출한 박사논문에서 기노시타(木下隆男)가 새로운 연구 성과를 제시했습니다. 안창호는 물론이고 이회영·시영 형제와 이동녕이 이미 망명한 상황에서 105인사건의 목적은 신민회의 주역이었던 윤치호를 구금하는 데 있었다는 것이 그의 논지였지요. 이동휘는 아직 그들과 비견될 수 있는 비중이 아니었고요. 좀 더 자세한 설명은 한규무 교수의 서평 「105인사건과 신민회, 다시 논쟁의 무대로 끌어올리다」(『한국근현대사연구』, 2013년 봄)를 참고하세요.

윤치호에 대한 민경배 교수의 평가를 소개하면서 한두 가지 논점을 부연해보겠습니다. 민 교수는 먼저 문명개화파에서 김옥균·박영효와 윤치호의 분기에 주목했지요. 김옥균·박영효는 후쿠자와(福澤諭吉)처럼 실용주의적 관점에서 개신교를 인식한 반면 진정한 회심을 경험한 윤치호는 조선 최초의 개신교도가 되었고 또 최초의 미국 유학생이자 신학전공자가 되었다는 것이에요. 윤치호는 개신교 중에서도 감리교파를 선택했는데, 장로교파와 달리 현대화라는 효력·효능·효용이 있다고 판단했기 때문이지요. 이런 의미에서 윤치호를 '예언자'라고 부를 수 있다는 것이 민 교수의 평가였어요.

1920년대에 들어와 조선에서도 공산주의가 대두하자 윤치호는 반공주의의 기치를 높이 들었는데, 유가사상과 마찬가지로 공산주의가 현대화에 무력·무능·무용하다고 판단했기 때문입니다. 그에 따르면, 레닌이야말로 '진정한 이상주의자'였지요. 그런데 당시의 조건에서 러시아는 물론이고 영국이나 미국조차 공산주의를 실행할 수는 없었다는 것이에요.

윤치호는 유가사상의 귀결이기도 한 '조선인의 고질병' 때문에 공산주의가 유행했다고 주장했는데, 그 병은 기생하려는 습관이었습니다. 유가사상의 핵심은 가족주의였고, 여기서 타인에게 의존하려는 습관이 유래했다는 것이에요. 이것은 물론 윤치호의 오해였습니다. 환국정치와 탕평정치, 게다가 세도정치로 인해 붕당정치가 소멸하고 문벌이 부활한 상황을 조선사 전체로 일반화했던 것이지요. 물론 서얼·무관 출신인 중인 집안이라는 한계도 있었고요.

나아가 윤치호는 식민지적 수탈 때문에 공산주의가 유행했다고 주장하기도 했습니다. 계량경제사의 '반(反)사실적'(counterfactual) 모델과 유사한 방식으로 식민지현대화론을 비판했던 것이지요. 일제의 강제병합이 없었다면, '일본인이 조선인보다 100배 이상의 손해를 볼 것'이었어요. 강제병합 이후 조선의 발전이란 결국 '일본의, 일본에 의한, 일본을 위한 발전'일 따름이었기 때문이지요.

1937년에 중일전쟁이 발발하자 윤치호는 '일시적 용일(容日)'을 선택했는데, 이것은 '교회와 민족의 생존'을 위한 '상징적 수난'이자 '대속(代贖, 대신하는 속죄)적 수모'였고, 따라서 그를 '순교자'로 평가할 수 있다는 것이 또한 민경배 교수의 주장입니다. 물론 윤치호의 친일은 반공주의의 귀결이기도 했는데, 그는 소련보다는 오히려 일본이 교회와 민족의 생존을 위해 더 낫다고 생각했던 것이지요.

중일전쟁을 지지한 것은 '일본의 아일랜드'에서 '일본의 스코틀랜드'로 전환할 가능성을 기대했기 때문이기도 합니다. 식민지현대화론을 지지하지 않았던 그는 조선이 아일랜드처럼 수탈당해왔다고 생각했지요. 그런데 만일 중일전쟁이 평화적으로 종결되어 만주에서 일본의 이권이 확고해질 수만 있다면, 조선이 스코틀랜드처럼 될 수도 있다고 생각한 것이에요. 물론 중일전쟁이 태평양전쟁으로 비화되면서 결국 그의 기대는 좌절되었지요. 1943년 이탈리아의 항복 직후부터 그는 더 이상 일기를 쓰지 않았어요.

아마도 윤치호는 몰랐겠지만, 일본의 스코틀랜드론은 확실한 이론적 근거가 있었다는 사실을 지적해두겠습니다. 스코틀랜드 계몽주의자였던 스미스가 『민부론』에서 경제학을 정초한 것은 잉글랜드에 의한 스코틀랜드의 강제병합이 잉글랜드뿐만 아니라 또한 스코틀랜드에게도 유리하다는 사실을 증명하기 위한 것이기도 했거든요.

또 그의 후배였던 스코트의 역사소설 『웨이벌리』는 스미스의 이런 경제학적 증명을 문학적으로 대중화하려는 시도였고요.

김상태 교수는 윤치호가 미국의 인종주의에 대한 혐오 때문에 일본을 지지했다고 해석하고 있습니다. 윤치호는 '이성적 친미주의자'이자 '감정적 반미주의자'였다는 것이에요. 그러나 윤치호가 일본을 지지한 것은 반미주의보다는 오히려 반공주의 때문이었지요. 나아가 자유주의자로서 그는 히틀러의 독일과 스탈린의 소련을 동일시했는데, 나치였던 하이데거의 유다인 제자 아렌트(Hannah Arendt)가 전후에 제창한 전체주의론을 선취했던 셈이에요.

게다가 윤치호는 태평양전쟁을 지지하지 않았습니다. 그는 군국주의자 야마가타(山縣有朋)의 후예가 태평양전쟁을 도발한 상황에서 이토(伊藤博文)나 오쿠마(大隈重信) 같은 대정치가의 부재를 안타까워했어요. 영국식 자유주의자 오쿠마는 독일식 자유주의자 이토와의 경쟁에서 패배하자 이토를 지지한 도쿄제국대학에 대항하려는 목적으로 와세다대학을 설립했지요. 후쿠자와가 설립한 게이오대학과 함께 와세다대학이 일본을 대표하는 사립대학이에요.

윤치호의 이런 입장은 아시아먼로주의와 대동아공영권을 제창한 고노에(近衛文麿)의 입장과도 유사한 것이었습니다. 고노에의 후견자는 러일전쟁 이후 1906-08년과 1911-12년에 총리를 역임한 사이온지(西園寺公望)였는데, 이토의 후계자인 사이온지는 메이지대학과 리쓰메이칸(立名館)대학의 설립자이기도 했지요.

만주사변 직후 고노에는 아시아먼로주의를 제창했습니다. 또 중일전쟁 초기인 1937-39년과 태평양전쟁 직전인 1940-41년에 총리를 역임한 그는 그 사이에 아시아먼로주의를 대동아공영권으로 구체화했지요. 그러나 관동군 헌병대장 출신인 도조(東條英機)가 총리로 취임하면서 1941년에 태평양전쟁을 도발했던 것이에요.

고노에는 이제까지 영국이 지배해온 세계경제가 앞으로는 유럽·소련·미국의 블록경제로 해체될 것으로 예상했습니다. 반공주의자이자 반자본주의자인 동시에 소련이나 미국과의 전쟁에는 반대했던 그는 독일을 중심으로 블록경제를 건설한 유럽처럼 아시아에서도 일선만화(日鮮滿華) 공동체를 건설하자고 주장했지요. 이런 맥락에서 고노에와 윤치호의 차이에도 주목할 수 있는데, 방금 지적한 것처럼, 윤치호는 고노에와 달리 히틀러의 독일을 스탈린의 소련과 동일시했거든요.

어쨌든 고노에가 제창한 대동아공영권은 1936-42년간 미나미(南次郎) 총독이 통치했던 조선에서도 상당한 영향력이 있었는데, 비단 윤치호만 동조했던 것이 아니었습니다. 이따가 설명할 것처럼, 여운형을 비롯한 사회주의자의 전향이 속출했기 때문이지요. 또 국민당에서 장개석의 라이벌이었던 왕조명이 동조하면서 중국이 남북으로 분단되었다는 사실도 지적해두겠어요. 게다가 태평양전쟁 발발 이전에는 영국과 미국도 중국의 이런 분단을 지지했고요.

커밍스의 『한국현대사』(1997; 국역: 창작과비평사, 2001)에 따르면, 영국 노동당의 창시자인 웹 부부도 중국이 아니라 일본을 지지했습니다. 그들은 한국인과 함께 중국인을 '진화하지 않은 호모 사피엔스'로서 '몹시 불쾌한 종족'으로 간주했지요. 반면 일본인은 '미래 사회주의국가의 선의의 관료제(benevolent bureaucracy)'를 발명했다고 상찬했는데, 노동당 당헌 4조의 국유화 조항이 웅변하듯이, 그들은 사회주의를 국가주의와 동일시했어요.

윤치호가 김성수와 함께 진단학회는 물론이고 조선학(조선국학)도 지원했고, 특히 연희전문 교수이자 홍명희의 사돈인 정인보를 후원했다는 사실을 지적해두겠습니다. 조선학운동의 계기는 1934년 정약용 99주기였는데, 정약용의 복권은 서인·노론의 격하라는 의미를 가졌던 것이지요. 안확의 비판에도 불구하고 여전히 신채호와 박은식의 영향이 잔존했던 것이에요. 윤치호는 신라주의를 비판하고 고구려주의를 지지하면서 중일전쟁 이후 만주로 진출한 조선인 중에서 위대한 장군의 출현을 기대하기도 했지요.

미군정과 이승만에 의해 소외된 윤치호는 1945년 12월에 자신이 설립한 송도고보가 있던 개성에서 갑자기 사망하고 말았습니다. 이미 설명한 것처럼, 미군정은 안창호 계열인 홍사단이 장악했고, 또 나중에 기회가 있으면 설명할 것처럼, 이승만도 당시로서는 약세였던 개신교 대신 대종교에 의존했거든요. 가족에 따르면, 이미 고령으로 중풍기가 있었던 그는 스트레스 때문에 병세가 악화되어 결국 뇌졸중으로 사망했는데, 좌익에서는 자결했다고 주장했고, 우익에서는 좌익에 의한 타살설이 제기되기도 했어요.

그런데 사망하기 직전인 10월 15일과 20일에 윤치호는 하지와 이승만에게 면담을 요청하면서 「한 노인의 명상록」(An Old-man's Ruminations)이라는 제목의 편지 두 통을 썼는데, 이승만이 환국한 것은 10월 16일이었습니다. 방금 필기체 판독이나 영문 해석이 너무 어려워 윤치호의 일기가 아직도 완역되지 못했다고 했는데, 이 짤막한 두 통의 편지만 해도 오역이 많아요.

반공주의를 호소한 첫 번째 편지는 영국과 미국이 정립한 '민주주의의 표준(standard)'에 미달한 나라, 심지어 독일이나 프랑스조차도 공산주의로 이행할 수 없다고 주장했습니다. 조선에 적합한 대안은 '순수한 민주주의'가 아니라 오히려 '자애로운 온정주의'(benevolent paternalism), 달리 말해서 '선의의 독재'(benevolent dictatorship)라는 것이었어요.

두 번째 편지는 그런 선의의 독재에 필요한 친일파의 사면을 호소한 것입니다. 그는 해방이 연합군의 승리로 인한 '선물'임에 주목하면서 '멍청하고 뻔뻔스런'(stupid and shameless) 좌·우익의 이른바 '애국자'를 비판했지요. 또 친일파 공격에 앞장서는 '독선적 비방자'의 동기 중 하나가 '자신의 불미스런 과거를 은폐하기 위해 인민을 기만하는 것'이라고 강조하기도 했고요.

이 두 통의 편지를 발굴한 사람은 윤경남 작가인데, 윤보선의 조카로 윤치호의 종손녀인 윤 작가는 동생인 KAIST(한국과학기술원) 윤창구 교수와 함께 민경배 교수의 도움을 얻어 윤치호 50주기 기념사업을 주도했습니다. 특히 윤치호 평전으로 쿤 더 쾨스테르 교수의 박사논문 『현대화에서 친일협력으로: 윤치호(1865-1945)의 사례로 본

한국문화민족주의의 딜레마』(루뱅대학, 1994)의 번역을 시도했고요. 그러나 윤치호의 복권은 일개 번역문학가나 화공학자가 감당할 수 있는 일이 아니었는데, 신학을 제외한 모든 문과 학문을 경시한 윤치호의 자업자득이라고 할 수밖에 없겠지요.

이제까지의 설명을 정리하자면, 윤치호에 대한 민경배 교수의 평가는 교회와 민족을 위한 예언자이자 순교자였다는 것입니다. 그리고 이런 평가는 안창호와 윤치호의 제자격인 백낙준 교수가 김을한 씨의 『좌옹 윤치호전』(을유문화사, 1978; 50주기를 기념하여 이미 인용한 『윤치호의 생애와 사상』의 일부로 재간행)에 붙인 「들어가는 말」에서 제시한 평가, 즉 윤치호는 민족과 교회를 위한 선각자이자 희생자였다는 평가와도 일치하는 것이지요.

최근에 에딘버러대학에서 종교학으로 박사학위를 취득한 안신 교수도 동일한 평가입니다. 그는 박사논문을 요약한 「개종에서 변혁으로: 좌옹 윤치호의 기독교 선교사상에 대한 연구」(『선교신학』, 17집, 2008)에서 윤치호를 교회의 폐지라는 최악 대신 친일이라는 차악을 선택한 '한국의 본회퍼'라고 불렀는데, 미국의 자유주의 신학자 니버(Reinhold Niebuhr)의 제자인 본회퍼(Dietrich Bonhoeffer)는 나치에 저항하다 순교한 독일의 자유주의 신학자였어요. 또 안 교수가 말하는 개종(conversion)의 선교는 단기적 성과를 위한 장로교파의 직접선교를 의미하고 변혁(transformation)의 선교는 장기적 성과를 위한 감리교파의 간접선교를 의미하고요.

「정약용과 윤치호의 종교관 비교 연구: 초기 천주교인과 개신교인의 신앙유형을 중심으로」(『교회사학』, 8권, 2009)에서 안 교수는 둘 다 23세에 개종한 정약용과 윤치호를 비교하기도 했습니다. 우선 정약용은 예수회가 제시한 기독교의 보유론(補儒論, 유교를 보완한다는 논리)을 수용한 반면 윤치호는 기독교로 유교를 대체했지요. 또 정약용은 신유사옥에서 배교(背敎)함으로써 유배형으로 감형되었는데, 가톨릭에서는 별다른 근거도 제시하지 않으면서 나중에 회개했다고 주장하고 있어요. 윤치호는 물론 배교한 적이 없고요.

나아가 백낙준 교수는 '윤치호의 고독'에 대해 언급하기도 했습니다. 동지 대신 배반자만 있었던 상황에서 아무도 윤치호를 이해할 수 없었다는 것이지요. 알튀세르는 '아무도 그와 동일한 방식으로 사고한 적이 없다'(On n'a pas pensé dans sa pensée)는 의미에서 '마키아벨리의 고독'에 대해 말한 적이 있는데, 윤치호에 대해서도 마찬가지라고 할 수 있어요. 윤치호의 정치철학은 사실 알튀세르가 해석한 마키아벨리의 정치철학과 동일했거든요.

김상태 교수가 지적한 것처럼, 실력양성과 국제정세를 무시한 독립운동에 대한 반대는 윤치호의 지론이었습니다. 그가 주목한 사례는 300년만에 오스트리아-헝가리제국에서 독립한 체코슬로바키아(보헤미아·모라비아와 슬로바키아)였는데, 실력양성에 주력해오다가 1차 세계전쟁 직후에 조성된 유리한 국제정세를 활용하여 독립에 성공했다는 것이에요. 알튀세르의 마키아벨리처럼 '실력'(*virtù*, 능력/원인)과 '정세'(*fortuna*, 행운/우연)를 결합해야 한다는 것이 윤치호의 주장이었지요.

김상태 교수가 일기를 편역하면서 제목으로 선택한 '물 수 없다면 짖지도 마라'(Don't bark if you can't bite)가 윤치호의 마키아벨리주의를 집약하는 것입니다. 윤치호가 애용한 이 구절은 17세기부터 사용되어온 관용구였는데, 'All bark and no bite', 즉 '물지도 못하면서 짖기만 하므로' 별로 위험하지 않다는 관용구도 있어요. 김상태 교수가 편역한 일기를 보면, 3·1운동과 파리평화회의 직후에 '물 수 있을 때까지는 짖지도 마라'는 식으로 인용되고 있었지요.

윤치호의 역사이론으로 사회진화론을 언급하는 것이 통설입니다. 그런데 사회진화론은 당대의 거의 모든 지식인에게 영향을 끼쳤으므로, 그에게 독특한 것은 아니었어요. 대신 태평양전쟁 직전에 유학생시절의 애독서인 기번의 『로마제국의 멸망사』에서 '전쟁-평화-번영-멸망-전쟁-(…)'이라는 사관을 도출했다는 사실에 주목할 수 있는데, 양계초처럼 그 역시 나름대로의 망국사관을 갖고 있었음을 알 수 있는 대목이지요.

영국사 연구자이면서 노무현 정부에서 국사편찬위원을 역임한 바 있는 박지향 교수가 『윤치호의 협력일기: 어느 친일지식인의 독백』(이숲, 2010)에서 윤치호를 옹호한 적이 있습니다. 그런데 박 교수는 낙성대학파인 안병직·이영훈 교수와 함께 뉴라이트운동에 참여하기도 해서 저로서는 반갑지만은 않았지요. 또 식민지현대화론을 비판한 윤치호를 낙성대학파가 주도한 뉴라이트운동과 어떻게 양립시킬 수 있는지 의아하기도 했고요.

그러나 박지향 교수는 나름대로 성실한 영국사 연구자이고 제국주의사에 대한 저서도 발표했으므로 배울 바도 있었습니다. 박 교수는 2차 세계전쟁 중 프랑스의 경험을 검토하면서 협력(collaboration, 적국과의 협력으로서 부역)과 저항(résistance, 레지스탕스)의 경계가 그렇게 확실한 것만은 아니었다고 주장하는데, 쾨스테르 교수의 입장과 친화성이 있어요.

저항은 드골이 창조한 신화였는데, 일부 마르크스주의자가 부화뇌동하기도 했습니다. 그러나 나치에 적극적으로 협력한 엘리트, 유가식으로 말해서 간신(奸臣)이나 난신(亂臣)의 명단은 아주 화려했지요. 프랑스를 대표한 자본가 르노와 1차 세계전쟁의 영웅이자 비시 정부의 수장이던 페탱 원수가 협력자였거든요. 뿐만 아니라 지식인 중에도 많았는데, 『아날』의 공동창시자 중 유대인이었던 블로크는 저항활동으로 처형된 반면 프랑스인이었던 페브르는 『아날』을 유지하기 위해 나치에 협력했지요.

나아가 대중도 대의를 추구하여 나치에 저항한 적이 없다는 사실을 지적해둘 필요가 있습니다. 그렇다고 해서 적극적으로 협력한 간민(奸民)이나 난민(亂民)도 아니었지만요. 조병옥이 언급한 것처럼, 대중의 협력은 묵종(默從, acquiescence)이었다고 할 수 있거든요. 쉽게 말해서 생존을 위해 대세를 추수할 수밖에 없었다는 것인데, 대중으로서는 당연한 선택이었겠지요. 아렌트가 말한 '악의 범용성(凡庸性, banality)'과의 뉘앙스 차이도 지적해두겠어요.

68년 학생운동으로 드골이 하야하면서 저항의 탈신화화도 진행되었습니다. 출발점은 단순했는데, 프랑스의 해방은 저항으로 쟁취된 것이 아니라, 윤치호가 강조한 것처럼, 역시 연합군의 승리로 인한 '선물'이었다는 사실을 인정하는 것이었지요. 그리고 대중은 승자를 추종하기 마련이라는 사실을 인정하는 것이기도 했고요.

프랑스는 단기적 점령 상황이었던 반면 조선은 장기적 식민지 상황이었다는 차이까지 고려한다면, 윤치호에 대한 비판이 결코 만만치 않음을 누구나 쉽게 깨달을 수 있을 것입니다. 『요한 복음』에서 예수가 가르친 것처럼, '너희 중에 누구든지 죄 없는 사람이 먼저 돌로 쳐라'라고 한다면, 공산주의자나 그럴 수 있었겠지요. 그나마 중일전쟁 이후 전향하지 않은 공산주의자는 박헌영을 비롯한 경성콤그룹뿐이었는데, 이따가 자세하게 설명하겠어요.

해방 이후 해평 윤씨의 새로운 문장이자 제 조부 뻘인 윤보선에 대해서도 간단하게 설명해두겠습니다. 4·19부터 5·16까지 이원정부제(zweigeteilte Exekutive) 대통령을 역임했고, 박정희 정부에서 재야의 대부로 활동했던 윤보선에 대해서는 민경배 교수의 제자인 김명구 교수의 『해위 윤보선: 생애와 사상』(고려대학교출판부, 2011)을 참고할 수 있지요. 나아가 김 교수의 「해방 후 이승만, 윤보선, 장면의 사상적·계보적 갈등 연구」(『한국교회사학지』, 33집, 2012)도 참고할 수 있고요.

김명구 교수에 따르면, 일제강점기 개신교의 대표자가 윤치호였던 것처럼, 해방 이후 개신교의 대표자는 윤보선(1897-1990)이었습니다. 방금 지적한 것처럼, 해방정국에서 이승만은 자신의 정치적 기반으로 개신교가 아니라 대종교를 선택했는데, 개신교의 교세가 아직 대단치 않았기 때문이에요. 나아가 윤보선은 조병옥과 함께 김성수의 뒤를 잇는 민주당 구파의 대표자였지요. 반면 민주당 신파의 핵심은 흥사단 계열과 자유당탈당파였는데, 가톨릭교도이자 초대 주미대사였던 장면은 흥사단이 이승만의 대안으로 내세운 '얼굴마담'이었을 따름이에요.

김재준·문익환·안병무의 반공주의

한신대에 대해 설명하려면, 먼저 만주와 간도에 대해 간단하게 설명해둘 필요가 있습니다. 오카베(岡部牧夫) 씨의 『만주국의 탄생과 유산: 제국일본의 교두보』(1978; 국역: 어문학사, 2007), 고바야시(小林英夫) 교수의 『만철: 일본제국의 싱크탱크』(1996; 국역: 산처럼, 2004), 윤휘탁 교수의 『만주국: 식민지적 상상이 잉태한 '복합민족국가'』(혜안, 2013), 조선족약사편찬조의 『조선족약사』(1986; 백산서당, 1989), 유지원 교수 등의 『이민과 개발: 한중일 3국인의 만주 이주의 역사』(동북아역사재단, 2011) 등을 참고할 수 있지요.

아편전쟁 전후로 완화되던 청황조의 만주 봉금(封禁)은 청일전쟁 전후로 해제되기 시작했고 러일전쟁 전후로 완전히 폐지되었습니다. 그 결과 북중국의 한족이 대거 이주했는데, 이미 개발이 완료된 남만주(요령)가 아니라 북만주(길림·흑룡강)가 목적지였지요. 또 그런 와중에 조선인도 진출하기 시작했고요.

러일전쟁 이후에는 물론 일본인도 진출했습니다. 먼저 요동반도의 첨단이 조차지(leased territory, 한시적 식민지)인 관동주였는데, 관동은 만리장성의 종점인 산해관의 동쪽이라는 의미였지요. 또 두만강 너머 북간도는 길림·흑룡강으로 진출하기 위한 교두보였고, 그 중심이 두만강을 경계로 회령·종성의 건너편인 용정이었어요. 조선인은 물론 거의 대부분 북간도, 특히 용정에 거주했고요.

일본인의 만주 진출이 본격화된 것은 1931년 만주사변과 1932년 만주국 건국 이후였습니다. 청황조의 마지막 황제였던 부의(선통제)는 꼭두각시였을 따름이고, 관동군의 후원 아래 만주국을 실질적으로 지배한 것은 만철(滿鐵, 남만주철도회사)이었는데, 1937년 중일전쟁을 계기로 닛산(日産, 일본산업)이 부상했지요. 또 여전히 농업의 비중이 컸으므로 만척(滿拓, 만주척식회사)도 중요했고요.

관동군은 '[미쓰이·미쓰비시 같은] 재벌은 만주국으로 진입시키지 않는다'(財閥不入滿)는 원칙 아래 닛산을 후원했습니다. 이렇게 닛산을 후원하는 과정에서 만철과 갈등이 발생하기도 했는데, 그것을 해결한 사람이 바로 아베 총리의 외조부인 기시(岸信介)였지요. 만주국 산업부 차장이던 기시는 만철 총수 마쓰오카(松岡洋右)의 조카뻘이자 닛산 총수 아이카와(鮎川義介)의 먼 친척이었거든요.

만주국이 건국되기 이전의 만주에서 조선인은 중국과 일본의 이중국적자였습니다. 그러나 중국인은 조선인을 '일본인의 앞잡이(走狗)'로 간주했고, 그런 갈등이 폭발하여 만주사변의 발단인 만보산사건이 발생했던 것이지요. 어쨌든 만주국이 건국된 이후에는 중국인이 친일파로 전향하면서 조선인의 지위가 상대적으로 하락하자 '중국인과의 차별'을 철폐해달라는 호소가 빈발했습니다. 그러나 중일전쟁 이후에는 '일본제국신민'에서 '만주국인'으로 조선인의 지위가 더욱 격하되었지요.

마지막으로 만주는 사실 지역의 명칭이 아니라 여진족이 청황조를 창업하면서 새로 채택한 종족의 명칭이었다는 사실을 지적해두겠습니다. 만주를 지명으로 사용할 경우 중국과 분리될 수도 있다는 함의가 있어서 중국에서는 동북이라는 지명을 사용하는 것이고요. 요령성·길림성·흑룡강성이 동북삼성인데, 열하성까지 포함하여 동북사성이라고 하기도 하지요.

또 간도(間島)는 중국과 조선 사이에 있는 섬 같은 땅이라는 의미인데, 압록강 건너편의 봉금된 1000리가 서간도이고 역시 두만강 건너편의 봉금된 1000리가 북간도입니다. 그러나 조선인 대부분이 거주하는 북간도를 그냥 간도라고 부르기도 하지요. 두만강에 간도라고 불리던 섬이 있었다는 설도 있는데, 별로 근거는 없어요.

한신대의 전신인 조선신학교의 설립에는 송창근(1898-1950), 김재준(1901-1987), 그리고 한경직(1902-2000)의 역할이 결정적이었습니다. 김재준과 한경직은 송창근이 가장 아끼던 두 후배이기도 했는데, 이 세 사람이 일제강점기에 감리교파에 비해 형편없이 낙후되었던 장로교파의 희망이었지요.

먼저 송창근에 대해 설명할 것인데, 놀랍게도 그에 대한 연구는 거의 없습니다. 그래서 탄생 100주년에 즈음하여 만우송창근목사기념사업회가 결성되어 『만우송창근전집』을 기획했는데, 1권은 유고집이었고, 2권은 평전이었어요. 그러나 평전의 필자를 구하지 못해 결국 연구논문집과 회상집의 합본으로 대체될 수밖에 없었을 정도이니 더 이상 할말이 없지요.

그러나 윤치호의 경우처럼 이 경우에도 민경배 교수가 연구의 단초를 제공했습니다. 탄생 100주년 기념강연회에서 발표한 「송창근의 신학과 한국교회」가 그것인데, 『만우송창근전집』 2권에 실려 있어요. 또 1992년에 연세대에서 민 교수의 지도로 김정길 씨가 석사논문 「만우 송창근의 신앙과 삶」을 제출했고, 2012년에 감리교신학대학에서 이덕주 교수(한국기독교역사연구소 소장)의 지도로 임채진 씨가 역시 석사논문 「'기장신학' 형성에 관한 연구: 송창근과 김재준을 중심으로」를 제출했지요. 그러나 이 논문들은 한신대 도서관에 소장되어 있지도 않아요.

먼저 민경배 교수에 대해 간단하게 설명해두겠습니다. 그는 황해도 장연 출신인데, 장연반도의 첨단이 장산곶이지요. 민 교수는 마르크스적 역사이론에 대한 대안으로 크로체에게서 기독교적 역사이론을 추구했는데, 쟁점은 역사적 진화, 즉 진보와 퇴보의 보편적 인과법칙이 존재하는가 여부였지요. 좀 더 자세한 설명은 서정민 교수의 정년퇴임 기념논문 「교회사학자 민경배의 학문역정 연구: 역사관의 특성을 중심으로」(『신학논단』, 27집, 1999)를 참고하세요.

이미 지적한 것처럼, 민 교수는 민족교회사관을 제시했는데, 그의 주저가 바로 최초의 한국기독교통사인 『한국기독교회사』(대한기독교서회, 1972; 2차개정판: 연세대학교출판부, 1993)였습니다. 민족교회란 교회일치운동(ecumenism)에서 교파교회(denominationalism)의 대안으로 제시하는 연합교회이지요. 그는 '교회의 통일(unity)은 정통에 선행한다'면서 교회의 연합(union)이 신학에 우선한다는 원칙을 제시했어요. 그러나 교파교회의 현실을 무시한 것은 아니었는데, 민 교수가 한국개신교회의 '신앙지리학'(sacred topology)을 강조했던 것은 이 때문이지요.

민 교수의 신앙지리학에 따르면, 먼저 기호지방의 개신교는 문명개화파에 의해 수용되었습니다. 또 그것에 대한 반동이 1905년 을사조약과 1907년 대부흥운동 이후 탈정치화되고 탈민족화된 보무적(補巫的, 무속신앙을 보완하는) 개신교였는데, 서북지방에서 번창하다가 영남지방을 거쳐 호남지방으로 전파되었지요. 좀 더 자세한 설명은 그의 「안병무 시대」(심원안병무선생기념사업회 엮음, 『갈릴래아의 예수와 안병무』, 한국신학연구소, 1998)를 참고하세요.

어쨌든 송우혜 작가가 『송창근 평전: 벽도 밀면 문이 된다』(생각나눔, 2008)를 발표한 것은 탄생 110주년이었습니다. 송창근의 재종손녀(6촌손녀)이자 한신대 신학과 출신으로 이화여대 대학원에서 북간도사를 연구한 송 작가는 남한에서 출판된 평전의 전범으로 평가되는 『윤동주 평전』(열음사, 1988; 3차개정판: 서정시학, 2014)을 집필하기도 했어요. 송 작가가 집필한 『송창근 평전』의 원형은 탄생 100주년 기념강연논문으로 역시 『만우송창근전집』 2권에 실려 있는 주재용 교수의 「만우 송창근의 삶과 사상」이었는데, 송창근의 복권을 추진해온 그는 송창근의 재전(再傳)제자, 즉 직전(直傳)제자인 이장식(1921-, 경남 진해)의 제자였지요.

송창근의 부친은 송시택인데, 송시열과 같은 은진 송씨였습니다. 그런데 송시택의 사촌형인 송시억이 15세 때 충청도 고향에서 가출하여 연해주로 가다가 함북 웅기(나진선봉경제특별구역)에 정착했지요. 그리고 고향의 일가를 웅기로 불렀는데, 송시택도 그때 그 곳으로 갔던 것이에요. 송시억의 손자가 윤동주의 동갑내기 고종사촌형이자 절친인 송몽규였지요. 송우혜 작가의 『윤동주 평전』은 사실 '송몽규 평전'이기도 했어요.

곧 설명할 북간도 명동학교 출신인 청년 송창근은 '일개 노동자, 일개 무산자로서 예수'에 주목하면서도 젤롯당인 바랏바와 달리 예수는 사회적 문제를 종교적으로 해결했다고 주장했습니다. 그래서 북간도에서 스승으로 따랐던 이동휘의 공산주의는 물론이고 윤치호가 주도한 감리교파의 사회복음주의와도 거리를 두었던 것이지요.

송창근은 일본에서 아요야마(靑山)학원 신학부를 졸업한 다음 감리교파 부흥사이자 프란치스코주의자였던 이용도의 후원으로 미국유학을 감행했습니다. 윤치호가 설립한 송도고보 출신인 이용도는 교권주의와 교조주의에 반대했는데, 그러나 그의 신비주의로 인한 초교파적 이단 시비의 와중에 폐결핵으로 요절했지요. 그런데 송창근은 이용도와 성빈(聖貧)사상을 공유하면서도 그의 신비주의에는 거리를 두었어요.

민경배 교수에 따르면, 미국유학 중 송창근은 미국개신교를 특징짓는 교파교회의 분열과 함께 자유주의 신학과 보수주의 신학의 논쟁이 야기한 폐단을 절감할 수 있었습니다. 특히 그가 유학 중이던 프린스턴대학에서는 하버드대학이나 예일대학과 달리 자유주의 신학과 보수주의 신학의 논쟁이 여전히 미해결이었지요. 어쨌든 미국유학을 계기로 송창근은 초교파적 연합교회와 동시에 자유주의적이면서도 중도주의적인 신학을 지지하게 되었어요.

웨스턴신학교를 거쳐 아일리프신학교로 진학한 송창근은 1931년에 바울로를 주제로 한국인 최초의 신학박사학위를 취득한 다음 귀국길에 로스앤젤레스에 반 년간 체류하면서 안창호의 흥사단에 가입했습니다. 1932년에 귀국하여 조만식 장로가 시무하던 평양의 산정현교회에서 목회를 시작한 것도 역시 그런 인연 때문이었고요. 그러나 4년만에 부산에서 호주장로회선교부의 지원으로 성빈학사를 설립하고 빈민선교에 헌신하게 되었는데, 이미 지적한 것처럼, 송창근은 이용도 부흥사와 성빈사상을 공유했지요.

그런데 이렇게 평양에서 영남지방으로 이전한 것이 전화위복이 되어 1940년에 조선신학교를 설립할 수 있었던 것입니다. 경북 영일 출신이자 서울 인사동의 승동교회에서 시무하던 김대현 장로의 후원을 얻을 수 있었던 것이에요. 나중에는 경남 거제 출신의 진정률 장로의 후원도 얻을 수 있었고요. 그러나 흥사단 국내지부인 수양동우회 사건에 연루되어 보석 중이었으므로 북간도 용정의 은진중학교에 재직하던 김재준에게 실무를 위임했던 것이지요. 그 후 송창근 자신은 경북 김천의 황금정교회에서 목회를 재개했는데, 윤보선 대통령의 영부인이 될 공덕귀가 당시 그를 따랐던 애제자였지요.

1950년에 한국전쟁이 발발하면서 송창근이 납북되자 조선신학교의 위기가 발생했습니다. 1947년부터 김재준의 자유주의 신학에 대한 논쟁이 제기되어 왔는데, 1953년 휴전 직전에 결국 예장(예수교장로회)에서 기장(기독교장로회)이 분리되었거든요. 이것은 송창근이 가장 아끼던 두 후배인 한경직과 김재준의 분열이기도 했는데, 목회자로서 한경직과 신학자로서 김재준의 비교는 영락교회 김은섭 부목사의 「한경직과 김재준, 그들의 삶과 사상」(『신학논단』, 2015년 9월)을 참고하세요.

두 사람의 갈등관계를 상징하는 것으로 김재준이 타계하기 1년 전에 지은 다음과 같은 시구가 있는데, 둘째 구에서 '後'는 빼는 것이 오히려 좋았을 것입니다.

아득히 먼 하늘에 조각구름 떠돌더니,	萬里長空片雲浮遊,
늦은 비 지나간 뒤 가을볕이 애처롭다.	晩雨一過後秋陽可憐.

'長空', '片雲', '晩雨', '秋陽'은 김재준, 채필근, 송창근, 한경직의 아호였지요. 그런데 나중에 '可憐'을 '可愛'로 바꾸었어요. '可憐'에는 애처롭다는 의미와 함께 '可愛'처럼 사랑스럽다는 의미도 있었는데, 그러나 역시 후자의 의미보다는 전자의 의미가 강했거든요.

물론 이 시구의 핵심은 '浮遊'(또는 '浮動')에 있습니다. 이 네 사람은 곧 설명할 『성경주석』 번역, 나아가 조선신학교 설립에 관련되었는데, 그 중 가장 선배격인 채필근이 결국 보수주의 신학에 굴복했지요. 그래서 '떠돌았다'고 한 것이에요. 좀 더 자세한 설명은 「경계선에서 양쪽을 아우르며: 한국교회사에서 만우 송창근의 위치」(2009; 최성일 엮음, 『만우 송창근의 신앙과 신학세계: 서울성남교회 창립 70주년기념 만우 송창근 박사 연구논문집』, 경건과신학연구소, 2015)에서 이덕주 교수의 증언을 참고하세요.

어쨌든 신학적 논쟁이 교회의 분열을 초래했다는 것은 아주 심각한 일이었습니다. 송창근은 자신들이 유학했던 프린스턴대학의 경우처럼 조만간 자유주의 신학이 우세하게 될 것이므로 너무 조급해할 필요가 없다고 김재준을 설득하는 입장이었지요. 또 당시 재단이사이자 조사위원이었던 문재린 목사도 김재준의 '요령부득'을 지적했는데, 그의 차남인 문동환이 김재준에게 동조한 반면 장남인 문익환은 중립이었어요.

신앙의 논거(reasoning)를 제시하는 것과 신앙을 이성(reason)에 종속시키는 것은 전혀 다른 일이라는 사실을 지적해두겠습니다. 원시기독교에서 로마국교로 이행하던 2-3세기의 과도기에 활동했던 테르툴리아누스가 천명한 호교론(apologetics)의 대원칙은 '불합리하므로 믿는다'(*credo quia absurdum*), 즉 신앙은 이성을 초월한다는 것이에요.

송창근과 달리 김재준에 대해서는 한신대에서 연구가 아주 활발했습니다. 먼저 연구를 위한 기본 자료인 전집이 두 차례나 기획되었는데, 1971년 고희기념으로 5권이 출판되었고, 1992년 5주기기념으로 18권이 출판되었지요. 또 1983년부터 10여편의 석사논문이 발표되었고, 올해에는 최초로 박사논문 3편이 한꺼번에 발표되었어요. 나아가 탄생 100주년 기념으로 김경재 교수가 『김재준 평전: 성육신 신앙과 대승기독교』(삼인, 2001; 개정판: 삼인, 2014)를 출판했는데, 평전으로서는 '용비어천가' 같은 대목이 너무 많았지요. 또 기념문집으로 1권 유고집, 2권 연구논문집, 3권 회상집이 출판되었고요.

김재준은 함북 경흥에서 태어났는데, 1920년대에 아오지탄광이 개발될 심심산천이었습니다. 반면 송창근의 고향 웅기는 경흥에 포함되면서도 연해주와 북간도로 진출하는 관문이었어요. 세종 때 김종서가 설치한 6진은 두만강 상류부터 회령·종성·온성·경원·경흥, 그리고 회령 남쪽의 부령이었습니다. 그러나 부령 대신 회령에서 더 상류 쪽인 무산을 포함하여 6읍이라고 부르기도 했어요. 6진의 주민은 천민과 죄수였는데, 그나마 부령은 동해와 연결되어 외부와 교류

할 수 있었지요. 반면 무산은 그렇지 못했는데, 이렇게 외부와 차단된 6읍에서는 조선 초기의 말투가 말기까지 유지되었어요.

김재준은 자신이 선비 집안 출신이었다고 주장했는데, 실은 중인 집안이었습니다. 부친이 서당 훈장을 겸업하던 한의사였거든요. 또 자신의 먼 친척이자 '혁명가'였다고 자랑하는 사람이 김홍륙이었는데, 그가 천민 출신이었다는 것이 한국사학계의 통설이지요. 어쨌든 선비 집안 출신은 아니었던 것 같아요.

러시아국적자로 러시아공사 베베르가 발탁한 역관이던 김홍륙은 아관파천 직후 친러파의 핵심으로 부상했는데, 정교의 『대한계년사』에 따르면, 독립협회의 비판으로 친러파 내부에서 갈등이 전개되면서 민씨 척족에 의해 축출되었습니다. 그러자 고종과 순종의 독살을 시도하기도 했는데, 김홍륙이 처형된 직후에는 결국 독립협회도 해산되었어요. 고종과 달리 순종은 독살사건의 후유증으로 심신장애가 발생하여 글씨도 어린아이 같았다고 하지요. 그런데 이태진 교수는 바로 이것에 착안하여 경술국치 때 순종의 서명이 조작되었음을 증명하기도 했어요.

김재준은 서울유학에서 일본유학을 거쳐 미국유학까지 줄곧 세 살 연상인 송창근의 인도를 받았습니다. 서울에 유학하면서 개신교에 입교한 그는 아오야마학원 신학부로 진학했지요. 자유주의 신학의 요람이었던 이곳에서 그는 바르트(Karl Barth)를 공부했어요. 또 미국의 프린스턴대학 신학부와 신흥 웨스턴신학교에서는 보수주의 신학을 공부했고요. 아오야마학원은 감리교파였고, 프린스턴대학은 장로교파였으며, 웨스턴신학교는 침례교파였지요.

송창근·김재준보다 먼저 한경직도 미국에서 유학했습니다. 한경직은 평남 평원의 중농 집안 출신으로 수재 중의 수재였는데, 오산중학교에서 이승훈·조만식 장로에게 배운 다음 숭실전문에서는 이과를 전공했고 미국의 엠포리아대학에서는 문과를 전공했지요. 그리고 프린스턴대학으로 진학했는데, 송창근·김재준처럼 웨스턴신학교로 옮기지 않고 프린스턴대학 신학부에 남아 석사학위를 취득할 수 있었어요. 좀 더 자세한 설명은 한숭홍 교수의 『한경직: 예수를 닮은 인간, 그리스도를 보여준 교부』(북코리아, 2007; 초판: 장로회신학대학교출판부, 1993)를 참고하세요.

이미 지적한 것처럼, 송창근·김재준·한경직은 감리교파에 비해 보수적이던 장로교파를 혁신할 수 있는 희망이었습니다. 귀국 직후 그들 셋은 1935년에 개신교선교 50주년기념사업으로 감리교파가 주도한 애빙던(Abingdon, 아빙돈)출판사의 1권짜리 『성경주석』(1929)의 번역에 참여했지요. 그러나 아직도 성경의 축자영감설(글자 하나 하나가 하느님의 영감으로 기록되었다는 학설)과 문자무오설(따라서 글자 모두에 오류가 없다는 학설)을 고수하던 장로교파에서는 총회의 결의로 사과를 강요하기도 했어요.

송창근·한경직과 달리 김재준은 평양을 거쳐 용정에서 교편을 잡았습니다. 길림 진출을 위한 일본의 거점이었던 용정에는 영국의 조계(concession, 불평등조약에 따른 치외법권의 외국인거류지)가 있었고, 여기에 김재준이 재직하던 은진중학교가 있었지요. 함경도·북간도·연해주의 선교를 담당한 캐나다장로회선교부에서 1931년에 설립한 이 학교 출신이 나중에 조선신학교의 핵심이 되었어요.

김재준이 은진중학교에서 배출한 가장 중요한 제자는 강원룡과 문동환, 그리고 안병무였습니다. 또 김재준이 부임하기 직전에 문익환·윤동주·송몽규가 그 곳에 다녔는데, 문익환·윤동주는 대학진학을 위해 숭실중학교로 옮겨갔고, 송몽규는 독립운동을 위해 중국으로 건너갔지요. 그런데 나중에 조선신학교에 다닌 문익환은 몰라도 윤동주·송몽규를 김재준의 제자라고 할 수는 없어요. 또 조선신학교에 다닌 적이 없고 조선신학교의 설립 자체에도 비판적이었던 안병무를 김재준의 제자라고 할 수 있는지도 논란이 많고요.

미국인 선교사가 신사참배를 거부하고 본국으로 철수하면서 평양신학교가 폐쇄되었습니다. 그런 상황에서 조선신학교의 설립이 추진되었던 것인데, 이미 지적한 것처럼, 그 주역이 송창근·김재준·한경직과 김대현 장로였지요. 그러나 보수주의자의 반발로 조선신학원으로 격하되었다가 해방정국에서 조선신학교로 승격되었고 한국전쟁기에 한국신학대학으로 개명했어요. 한국신학대학이 한신대학(교)으로 종합화된 것은 전두환 정부 출범 직후인 1981년이었고요.

해방정국에서 한신대는 미군정의 후원으로 서울 소재 천리교적산을 무상으로 불하받을 수 있었습니다. 평양신학교(총신대(합동파)·장신대(통합파))나 중앙신학교(강남대)도 마찬가지였는데, 한신대가 특히 중요한 것은 미군정이 민간에게 무상으로 적산을 불하한 효시였기 때문이지요. 강성호 씨의 「한국현대사에서 교회와 부동산 문제」(『기독교사상』, 2014년 12월)를 참고하면서 간단하게 설명해보겠어요.

국가신도(神道)와 구별되는 13개 교파신도 중 부산을 거점으로 조선 진출에 주력했던 천리교의 조선모교회는 서울역 건너편 동자동에 있었는데, 송창근·한경직·김재준이 그 곳을 접수하여 한신대와 성남(城南, 남대문밖)교회를 세웠습니다. 또 경성제일교회는 영락교회가 되었고, 장충동기숙사는 경동교회가 되었지요. 송창근·한경직·김재준이 결국 성남·영락·경동교회를 담임했고요.

부산을 비롯한 지방의 재산을 논외로 하더라도 서울의 천리교적산은 아주 많았습니다. 그래서 한신대와 직·간접적으로 관련된 인사들 중 어떤 이는 북창동 재산을 토대로 명지대학을 설립할 수 있었고, 또 어떤 이는 삼각지 재산을 토대로 상명대학을 설립할 수 있었던 것이지요. 신당동 등지의 소소한 재산은 매각하여 한신대를 비롯해 관련 교회의 운영자금으로 사용했고요.

그런데 송창근이 한신대의 설립을 추진한 것은 당연하게도 신사참배를 전제로 한 것입니다. 윤치호의 감리교파와 마찬가지로 신사참배를 종교의례가 아니라 국가의례로 간주했던 것이지요. 그러나 해방정국에서 송창근은 친일파로 단죄되었고, 그 와중에 고혈압이 발병하여 뇌졸중으로 고생했어요. 납북이 아니었더라도 지병 때문에 요절할 수 있었다는 것이에요. 마치 윤치호처럼요.

송창근이 납북된 다음 한경직과 결별한 김재준이 결국 한신대를 책임지게 되었습니다. 그러나 스스로 학장에 취임하는 대신 심계원장(감사원장)이던 함태영을 추대하여 학장을 겸임토록 했는데, 그는 1952년 발췌개헌 이후 부통령으로 당선된 다음에도 학장을 겸임했어요. 함태영이 아직 학장이던 1958년에 김재준은 동자동 부지와 화계사 입구의 적산 10만여평을 교환하여 한신대 캠퍼스를 수유리로 이전했지요. 구순에 가까워진 함태영이 은퇴하고 김재준 자신이 학장에 취임한 것은 1959년이었고요.

참고로, 함태영은 중인 집안 출신이었는데, 부친은 무관이었고 본인은 법관이었습니다. 고향은 함북 무산이었다는 설과 전북 김제였다는 설이 분분하고요. 평양신학교 출신의 장로교파 목사였던 그는 이승만을 추종했던 감리교도 신흥우의 적극신앙단에도 참여했지요. 그런 인연으로 발췌개헌 이후 직선제선거에서 이범석 대신 부통령으로 당선될 수 있었던 것이에요. 또 4·19 직후부터 '이승만환국운동'을 주도했던 것이고요. 함태영의 아들 함병춘은 유신시대 주미대사였다가 전두환 대통령의 비서실장이 되었는데, 1983년에 미얀마 아웅산국립묘지에서 폭사했지요.

5·16쿠데타 이후 정년이 만60세로 단축되면서 김재준은 학장직에서 사퇴할 수밖에 없었습니다. 그리고 한일국교정상화반대를 계기로 장준하와 함께 사회운동에 투신했는데, 그 후 한신대가 점차 재야의 핵심으로 부상하게 되었던 것이지요. 이미 지적한 것처럼, 한일국교정상화반대의 논리는 친미반공주의였고, 이런 논리는 사실 김재준이 제시했던 것이에요. 그래서 한경직도 김재준과 함께 한일국교정상화반대에 참여했던 것이고요.

김재준이 한경직과 다시 분열한 것은 3선개헌에 대한 이견 때문이었습니다. 한경직은 당시의 국제정세에서 3선개헌이 친미반공주의에 적합하다고 판단한 반면 김재준은 적합하지 않다고 판단한 것이었지요. 따라서 한경직과 김재준의 이견은 김준엽과 장준하의 이견과 유사한 측면이 있었어요. 장준하와 달리 김재준은 유신이 시작되자마자 돌연 캐나다 이민을 단행했지만요.

김재준의 자유주의 신학은 사실 반공주의를 정당화하려는 이론이었습니다. 스위스인 바르트와 함께 자유주의 신학의 대표자인 미국인 니버는 마르크스-엥겔스의 선집 *On Religion* (Shocken Books, 1964; 국역: 아침, 1988)에 붙인 「서론」에서 마르크스주의를 '종말론적 교조주의'로 규정했는데, 김재준도 역시 원죄론의 입장에서 종말론을 비판했지요. 김경재 교수는 김재준으로 소급하는 민중신학을 마르크스주의의 기독교 비판에 대한 반비판으로 해석하고 있어요.

김재준의 재야운동은 함남 이원(북청과 단천 사이) 출신의 수제자인 강원룡(1917-2006)이 계승했습니다. 미국의 유니언신학대에서 니버에게 배우기도 한 그는 경동교회를 지식인과 학생을 대상으로 한 특수교회로 발전시켰는데, 유신 시절 학생운동권에서는 경동교회의 신자가 꽤 있었지요. 또 그는 독일크리스챤아카데미의 지원으로 한국크리스챤아카데미를 설립하기도 했는데, 1979년 초에 공안사건의 대상이 되기도 했어요.

그러나 1970-80년대 한신대 중심의 재야운동을 상징한 사람은 문익환과 안병무였습니다. 전두환 정부가 출범하면서 강원룡은 자신의 절친이자 당시 한신대 학장이던 조향록과 함께 재야운동을 청산했거든요. 문익환의 동생인 문동환은 재야운동에 참여하면서도 처신에 석연치 않은 점이 있었는데, 『문동환 자서전: 떠돌이 목자의 노래』(삼인, 2009)에서 제시된 자기변호를 참고하세요.

문익환(1918-94)에 대해 설명하기 전에 그가 늘 자신의 절친이라고 자랑해온 윤동주(1917-45)에 대해 설명해두겠습니다. 이미 언급한 것처럼, 송우혜 작가의 『윤동주 평전』을 참고할 것인데, 얼마 전에 개봉한 이준익 감독의 『동주』도 역시 이 책을 참고한 것이었지요. 덕분에 윤동주의 절친인 송몽규(1917-45)도 비로소 대중적으로 알려지게 되었고요.

윤동주는 조상이 세조 때 회령으로 유배되면서 그 곳에서 세거하던 파평 윤씨, 이른바 '회령 윤씨'였는데, 증조부 때 북간도로 이주했고 조부 때 명동에 정착했습니다. 문익환 집안을 비롯한 네 집안이 중국인 지주에게 황무지를 구입하여 개척한 명동(明東, 용정 근교)

은 동쪽, 즉 한국을 밝힌다는 의미였어요. 윤동주 부친과 송몽규 부친은 명동학교의 동료 교사였지요. 송몽규 부친이 윤동주 집안에서 처가살이를 하면서 명동학교 교사로 근무했던 것이에요.

아울러 1900년대 초에 명동을 개척한 네 집안에 대해서도 설명해 두겠습니다. 먼저 종성 출신의 문병규, 김약연, 그리고 김약연의 스승이던 남도천 집안이 80여 명이었는데, 대부분 문익점의 후손인 강성(경남 산청) 문씨와 전주 김씨였고, 남씨 집안은 몇 명 없었지요. 또 회령 출신의 김해 김씨인 김하규 집안이 60여 명이었는데, 문익환의 외가였어요. 네 집안의 명동 진출을 인도한 윤동주 집안도 곧 합류했는데, 김약연 집안이 윤동주의 외가였지요. 송 작가에 따르면, 이 다섯 집안 중에서 윤동주 집안이 가장 부자였어요.

참고로, 무인 출신의 중인 집안인 전주 김씨는 서북지방에 세거했는데, 현재 남한에도 6만명 정도가 거주하고 있습니다. 전주 김씨는 청주 김씨와 함께 족보 발간빈도가 가장 높아 10년도 채 안 되어 새 족보를 발간할 정도인데, 이것은 평균빈도보다 3배나 높은 것이지요. 역시 서북지방에 세거한 청주 김씨는 현재 남한에 3만명 정도가 거주하고 있고요. 전주 김씨의 유명인사로는 모두 평양 출신인 김일성 주석, 김동원·동인 형제, 김재순 국회의장이 있는 반면 청주 김씨의 유명인사는 별로 없어요.

명동의 역사에서 두 번의 전기는 1900년대 말 신민회에 의한 개신교의 전파와 1920년대 말 소작쟁의를 통한 공산주의의 전파였습니다. 명동의 주민은 중인 집안이었으므로 분란 없이 개신교로 개종할 수 있었지요. 그러나 공산주의는 명동을 분열시켰는데, 특히 송몽규 집안의 영향으로 윤동주 집안이 소작인의 편에서 공산주의를 수용한 반면 문익환 집안은 지주의 편에서 개신교를 고수했지요. 조금 이따가 설명할 것처럼, 바로 이것이 문익환을 철저한 반공주의자로 만든 트라우마였어요.

물론 송몽규 집안과 윤동주 집안이 끝까지 공산주의자로 남았던 것은 아닙니다. 특히 송몽규는 윤치호처럼 '문화민족주의자'였다고 할 수 있거든요. 또 윤동주는 줄곧 송몽규를 추종했는데, 결국 송몽규가 주도한 '민족주의 그룹' 사건에 연루되어 그와 함께 옥사한 것이었어요. 아울러 송몽규 집안은 1948년 초에 북간도에서 북한으로 이주했고, 윤동주 집안에서도 여동생 하나와 남동생 하나만 월남했다는 사실에도 주목할 필요가 있겠지요.

1948년 3주기에 맞추어 정음사에서 윤동주의 시집 『하늘과 바람과 별과 시』를 출판하고 「발문」을 쓴 사람은 『경향신문』 창간기자였던 강처중이었는데, 그는 윤동주·송몽규와 연희전문 동기동창이었고 기숙사에서도 한 방을 쓰던 사이였습니다. 또 「서문」을 쓴 사람은 『경향신문』의 주필이었던 정지용이었고요.

『경향신문』은 가톨릭이 창간했는데, 그 기반이 바로 1946년의 위조지폐사건으로 미군정에 의해 몰수된 '적산' 조선정판사였습니다. 그런데 가톨릭이 『경향신문』을 실질적으로 장악하지는 못했던 것 같아요. 강처중은 이따가 설명할 경성콤그룹의 핵심이었던 김삼룡의 측근이기도 했거든요. 또 정지용은 구차한 설명이 필요 없는 월북 시인이었고요. 어쨌든 윤동주를 데뷔시킨 사람은 두 명의 월북 공산주의자였던 셈이에요. 자신이 윤동주의 절친이었다는 문익환의 주장은 새겨들을 필요가 있다는 것이지요.

『문익환 평전』(실천문학사, 2004)을 쓴 사람은 민족문학작가회의 사무총장을 지낸 김형수 시인이었는데, 이 책은 평전의 반면교사라고 할 수 있습니다. 필자의 주관적 해석이 너무도 강해서 어디부터 어디까지가 객관적 사실인지 분명치 않거든요. 그래서 조심해서 읽을 필요가 있는 것이고요.

김 시인에 따르면, 문익환은 자신이 문익점의 후손이라는 사실을 자랑스럽게 여겼다고 합니다. 그런데 김 시인은 문익점의 행적에 대해 부정확하게 서술하고 있어요. 공민왕이 부원배 기철을 제거하자 그의 누이동생이었던 기황후가 공민왕의 폐위를 시도했는데, 여기에 문익점이 연루되었지요. 그 후 문익점은 이색과 함께 이성계에게 반대하기도 했고요. 그래서 그의 후손이 입신하지 못했던 것인데, 어쨌든 문익환은 조선을 폄하하는 입장이었어요. 북간도에서 자란 자신은 고구려의 후예라고 주장하기도 했고요.

방금 설명한 것처럼, 문익환의 반공주의는 10대였던 1930년대 북간도의 경험으로 소급하는 것입니다. 해방정국에서 한신대를 다니면서 반탁운동을 지지했던 문익환은 단정 수립 직후에 프린스턴대학 신학부로 유학을 떠났지요. 또 한국전쟁이 발발하자마자 도쿄 소재 맥아서총사령부(GHQ)의 군속으로 참전하여 정전회담에서 통역을 담당하기도 했고요.

문익환은 김재준처럼 구약을 전공했습니다. 목회자보다는 오히려 신학자였다는 점에서도 두 사람은 공통점이 있었어요. 그는 교육자로서도 아주 엄격해서 별명이 '문이쾅'일 정도였다고 하지요. 문익환은 만50세가 되던 1968년에 개신교와 가톨릭의 성서공동번역사업에 참여하여 선종완 신부와 함께 공동위원장이 되었습니다. 그리고 동생 문동환이 연루된 학내분규의 와중인 1970년에 교수직을 사임하기도 했고요.

문익환이 재야운동에 참여하게 된 계기는 1975년 장준하의 의문사였습니다. 1976년 명동성당에서 이른바 '3·1민주구국선언'을 주도하면서 옥고를 치르게 되었는데, 그 후 남은 생애 18년 중 11년 동안 여섯 차례나 투옥되었지요. 그러나 전두환 정부가 출범한 직후 그 역시 김재준처럼 캐나다로의 이민을 계획하기도 했는데, 자신의 만류로 포기했다는 백기완의 주장도 있어요.

문익환의 재야운동의 정점은 1985년에 민통련(민주통일민중운동연합) 의장으로 추대된 것이었는데, 민통련은 1983년에 김근태가 조직한 민청련(민주화운동청년연합)의 확대판이었습니다. 그러나 1987년 대선에서 민통련이 김대중 후보에 대한 이른바 '비판적 지지'를 관철시킴으로써 대선의 패배를 넘어 재야운동의 분열을 초래하자 1989년에 문익환은 방북에서 재야운동의 돌파구를 발견하려고 시도했지요. 그러나 그 결과는 공안정국 속에서 재야운동의 분열을 기정사실화한 3당합당이었어요.

사실 문익환은 안병무나 문동환과 달리 비판적 지지자가 아니었습니다. 그래서 3당 합당으로 집권에 성공한 김영삼 대통령을 지지할 수 있었던 것이지요. 그러나 범민련(조국통일범민족연합)에서는 문익환이 '안기부(국가안전기획부, 중앙정보부 후신) 프락치'였다는 설이 제기되었고, 그런 마타도어에 항의하다가 심장마비로 사망하게 되었던 것이에요. 그의 막내아들인 문성근 씨가 친구인 김정환 시인에게 전한 유언에서 '민족해방(NL)파가 아니라 민중민주(PD)파가 옳은 것 같다'고 한 말도 이런 맥락에서 이해할 수 있겠지요.

물론 문익환이 프락치였다는 고발은 전형적인 스탈린주의적 수법이었습니다. 그는 민족해방파의 비주류, 즉 '비(非)주사 민족해방파'였거든요. 반공주의자였던 문익환이 '주사 민족해방파'일 수는 없었는데, 방북시 김일성 주석을 면담한 자리에서도 주사, 특히 그 핵심인 수령론을 비판했을 정도였지요.

문익환의 절친이었던 고은(1933-)에 대해서도 설명해두겠습니다. 전북 군산의 중농 집안 출신인 고은은 3선개헌반대운동을 계기로 재야운동에 참여하여 자유실천문인협의회와 민족문학작가회의를 주도했지요. 그는 『창작과비평』과 거리를 두고 『문학과지성』과 가까이 지내다가 『실천문학』을 창간했어요. 또 『사상계』가 '오산·숭실문화의 정치적 위선주의와 식민지기독교의 복음주의를 결합했다'고 비판한 그는 줄곧 개신교 재야운동과도 거리를 두었는데, 예외적으로 15세 연상인 문익환만이 그의 절친일 수 있었지요. 물론 김재준과 유사한 문익환의 '가족에 대한 자기도취'를 비판하기도 했지만요.

고은의 대표작은 30권짜리 민중시 『만인보』(창작과비평사, 1987-2010)보다는 오히려 7권짜리 역사시 『백두산』(창작과비평사, 1987-94)입니다. 그는 현실의 김일성 주석이 아니라 가상의 머슴 출신 김투만 일가를 중심으로 비주사 민족해방파의 입장에서 항일무장투쟁사를 형상화했지요. 또 1989-91년에는 남북작가회의를 추진했는데, 2005년에야 성사되었어요. 좀 더 자세한 설명은 송기한 교수의 『고은: 민족문학에의 길』(건국대학교출판부, 2003)을 참고하세요.

강만길의 분단사관이 비주사 민족해방파와 친화성을 가졌던 것은 당연한 일이었습니다. 김구주의자 이영희도 마찬가지여서 말년에는 군사 문제를 중심으로 남북관계에 관심을 갖기도 했지요. 그래서 고은이 자연스럽게 창작과비평사에 포섭되었던 것이에요. 반면 조금 이따가 설명할 한국사회성격 논쟁은 주사 민족해방파와 마르크스-레닌주의 민중민주파 사이에서 전개되었습니다. 따라서 한국사회성격 논쟁에서는 당연히 비주사 민족해방파가 배제되었던 것이에요.

마지막으로 문익환과 함께 한신대의 재야운동을 상징했던 안병무(1922-96)에 대해 설명해보겠습니다. 민족문학작가회의 사무국장을 거쳐 『실천문학』 주간을 지낸 김남일 작가의 『안병무 평전』(사계절, 2007)이 기본 문헌인데, 김형수 시인의 『문익환 평전』과 달리 모범적인 평전이지요. 또 신학에 대한 해설은 김명수 교수의 『안병무: 시대와 민중의 증언자』(살림, 2006)를 참고할 수 있고요.

안병무는 순흥 안씨로 평남 안주의 중인 가문 출신이었는데, 그의 조부와 부친은 한의사였습니다. 부친을 따라 북간도로 이주한 그는 은진중학교를 졸업했고, 역시 문익환처럼 일본으로 유학하여 다이쇼대학 예과를 거쳐 와세다대학 본과로 진학했지요. 그러나 문익환과 달리 '기독교의 슈티르너'라고 불리던 키에르케고르의 실존주의철학에 심취했고, 사회학에 대한 관심도 많았어요.

1946년 국대안 파동의 와중에 서울대학교 사회학과에 진학한 안병무는 서울대기독학생회를 결성하여 초대회장을 맡았습니다. 1953년에는 적산이던 향린고아원을 인수하여 평신도교회인 향린교회를 설립했지요. 동시에 이용도 부흥사의 동료였던 이호빈 목사가 설립한 중앙신학교(강남대)에도 참여했는데, 이것은 오산학교에서 조만식의 후임교장이었던 유영모와 그의 제자 함석헌의 영향을 받은 평신도신학교였어요. 사실 안병무는 목사 안수도 받지 않았지요.

1956-65년에 안병무는 미국이 아니라 독일에서 유학하여 불트만(Rudolf Bultmann)의 실존주의신학을 연구했습니다. 그러나 안병무는 '역사의 예수'를 부정하면서 '케리그마(kerygma, 복음의 선포)의

그리스도'를 천명한 불트만을 또다시 부정하게 되었는데, 바로 이것이 그가 귀국 후에 구상한 민중신학이었지요.

민중신학에 대한 구상을 간단하게 설명해보겠습니다. 독일 유학을 마치고 중앙신학교로 복귀한 안병무는 1970년에 학내분규 중이던 한신대에 부임할 수 있었는데, 아마도 문동환이 주선했던 것 같아요. 또 1973년에는 독일교회의 후원으로 한국신학연구소를 설립할 수 있었고요. 1975년에 문동환과 함께 해직된 안병무는 1984년까지의 해직기간 중에 민중신학의 구상을 구체화할 수 있었지요.

이미 지적한 것처럼, 안병무는 한완상의 민중사회학에서 민중 개념을 차용했습니다. 그러나 결국 민중신학에 고유한 민중 개념을 발견했는데, 최초의 복음서 『마르코 복음』에 나오는 오클로스(ochlos) 개념, 즉 '가난하고 억눌리고 병들고 절망한 갈릴래아의 백성'이 그것이었지요. 그것은 배제된 사람이라는 의미로, 라오스(laos) 개념, 즉 '하느님의 백성인 유다의 백성'에 대비되는 것이었어요.

참고로, 다윗의 아들 솔로몬이 성전을 건축하기 위해 부역을 강제하면서 북부의 이스라엘(아브라함의 손자 야곱의 별명으로 '야훼와 겨룬 자'라는 의미)이 남부의 유다(야곱의 넷째 아들)에서 분리되었습니다. 유다와 이스라엘의 수도가 각각 예루살렘과 사마리아였는데, 그 후 이스라엘인은 유다인과 달리 에트노스(ethnos, 이방인)와 융합하여 사마리아인이 되었지요. 그런데 유다인이었던 예수의 고향은 이스라엘 북부 갈릴래아의 나자렛이었습니다. 또 배반자 유다를 제외한 그의 제자들도 모두 갈릴래아 출신이었고요.

안병무의 민중신학은 불트만의 실존주의신학과 정반대로 '역사의 예수'를 추구하면서 '케리그마의 그리스도'를 부정했습니다. 그래서 '민중은 스스로를 구원한다'고 주장했던 것이고요. 그러나 그런 '자기초월' 개념은 이미 기독교(그리스도교)적 신학이 아니었어요. 바로 이것이 서독의 정치신학자 몰트만(Jürgen Moltmann)이 제기한 비판의 핵심이었는데, 그는 동독의 마르크스주의 철학자 블로흐(Ernst Bloch)의 제자였지요.

그런데 말년의 안병무는 해방신학처럼 민중신학에서도 공산주의적 경향이 강화되던 상황에서 해방신학과 달리 민중신학의 핵심은 민중이 아니라 신학이라고 주장했습니다. 윤치호가 사회신조를 통해 사회복음의 반공주의적 본질을 강조했던 것처럼, 안병무 역시 민중신학의 반공주의적 본질을 천명했던 것이지요. 1986년에 안병무가 문동환과 함께 김수행·정운영의 사직을 강요하고 나아가 경상학부의 해체를 시도한 것은 우연이 아니었어요. 물론 학내갈등에 개입한 김수행·박영호의 경거망동이 그 계기를 제공하기도 했는데, 그러나 조만간 폭발할 수밖에 없는 모순이 잠재했던 것이지요.

문익환과 마찬가지로 북간도의 경험 이후 반공주의에 철저했던 안병무는 이미 1977년에 한완상이 사회를 본 『기독교사상』의 좌담에서 '공산당에게 빼앗긴 민중'을 탈환하는 것이 민중신학의 목적이라고 공언한 적이 있습니다. 최근에 제3시대그리스도교연구소의 김진호 목사가 민중신학의 민중 개념을 인도의 포스트식민주의 역사학에서 마르크스적 계급 개념의 대안으로 제시된 바 있는 하층민(subaltern, 하위주체) 개념으로 해석하는 것도 역시 같은 맥락이라고 할 수 있고요.

한국공산주의의 역사

이제부터 이동휘의 반일공산주의에서 비롯된 한국공산주의의 역사를 개관해보겠는데, 이동휘에 대해서는 반병률 교수의 『성재 이동휘 일대기』(범우사, 1998)와 김방 교수의 『이동휘』(역사공간, 2013)가 기본 문헌입니다. 좀 더 광범위한 맥락에 대해서는 임경석 교수의 『한국사회주의의 기원』(역사비평사, 2003)을 참고할 수 있고요.

이동휘(1873-1935)는 함남 단천의 아전 출신 중인 집안에서 태어났습니다. 함남 북청이 고향인 이용익의 후원으로 신설 사관학교를 졸업할 수 있었던 이동휘는 1903년에 강화진위대 대장으로 부임하면서 그 곳에서 개신교에 입교했지요. 또 1905년 을사조약 이후 신민회에 가입했고, 1911년 105인사건 이후 북간도를 거쳐 결국 러시아 연해주로 망명했고요.

1917년 2월혁명 직후 이동휘는 케렌스키 임시정부에 의해 체포되었는데, 1차 세계전쟁 당시 러시아는 일본과 함께 영국·미국·프랑스의 동맹국이었기 때문입니다. 그러나 그 덕분에 감리교도에서 공산주의자로 전향할 수 있었지요. 감옥에서 볼셰비키와 해후하여 러시아어와 함께 마르크스주의를 학습함으로써 한국 최초의 공산주의자가 될 수 있었거든요. 당연하게도 10월혁명 직후 볼셰비키 정부에 의해 석방되었고요.

1918년에 영국·미국·프랑스가 러시아혁명을 전복하기 위해 내전에 개입하자 일본군도 연해주로 진출했습니다. 이 때문에 신민회 계열의 분열이 심화되었는데, 이동휘가 러시아의 사회주의혁명과 한국의 민족해방운동을 결합시켜야 한다고 주장한 반면 이동녕은 반대했거든요. 그래서 이동휘가 이동녕과 결별하고 한인사회당을 창당했던 것이에요. 이것이 동아시아 최초의 공산당이었는데, 중국공산당과 일본공산당은 각각 1921년과 1922년에 창당되었지요.

이듬해 국내에서 3·1운동이 발생하자 이동휘는 이동녕과의 재결합을 시도하면서 임시정부의 출범에 적극 참여했습니다. 그러나 임시정부 내부에서도 이동녕이나 안창호의 친미주의와 이동휘의 친소주의의 갈등은 지속되었어요. 또 러시아조선인사회 내부에서도 갈등이 발생하여 나중에 상해파 고려공산당과 이르쿠츠크파 고려공산당의 분열로 귀결되었고요. 러시아로 귀화한 조선인이 중심이었던 이르쿠츠크파에게 러시아의 사회주의혁명에 비해 한국의 민족해방운동은 부차적 사안이었어요.

게다가 레닌이 지원한 자금을 둘러싸고 그들 사이에 갈등이 폭발했습니다. 1920년 말에 레닌은 이동휘의 요청에 따라 금화 200만루블을 지원했는데, 실제로 수령한 60만루블은 1차자금 40만루블과 2차자금 20만루블로 나뉘어 상해로 운반되었지요. 금본위제에서 1루블의 가치는 1엔이나 1달러의 가치와 같았어요. 2007-09년 금융위기를 계기로 금값이 폭등하기 이전의 가치로 환산하면 당시의 60만달러는 1200만달러 정도이지요.

1921년 초에 이동휘는 1차자금 40만달러로 상해파 고려공산당을 창당하여 임시정부의 개조를 시도했습니다. 또 중국·일본·국내에서 공산당의 창당도 후원했지요. 나아가 김원봉의 의열단과 신채호까지 후원했고요. 그러나 이 과정에서 이르쿠츠크파와의 갈등이 폭발하여 내전 말기인 1921년 여름에 아무르주(흑룡주) 자유시의 참변이 발발했는데, 그 결과 이동휘를 지지하던 연해주·북간도 일대의 독립군이 거의 전멸했어요. 또 1922년 초에는 이동녕을 지지하던 김구가 이르쿠츠크파의 마타도어에 속아 이동휘의 최측근이던 김립을 암살했습니다. 그러나 이동녕과 김구가 빼앗으려던 2차자금 20만달러는 결국 이르쿠츠크파가 차지했지요.

이동휘의 시도는 이렇게 실패했지만, 그러나 국내에 끼친 영향은 상당했던 것 같습니다. 예를 들어, 3·1운동 직후에 윤치호는 이동휘에 대해 언급하면서 '일본인을 몰아낼 수 있다는 믿음이 있어서가 아니라 조선인이 마지못해 일본인의 노예로 살고 있다는 걸 세계만방에 입증하기 위해 목숨 바쳐 싸운다'는 평가를 인용한 적이 있지요. 또 1935년에 이동휘가 망명지 소련에서 사망하자 윤치호는 연합추도회 개최를 시도하기도 했어요. 물론 실패하기는 했지만요.

민족해방운동과 사회주의혁명을 결합하려던 이동휘의 시도가 실패한 것과 거의 동시에 소련의 정책도 변화했습니다. 1921년에 내전이 종식되고 1922년에는 일본군도 연해주에서 철수했지요. 또 1922년부터 2년간 뇌졸중으로 고생하던 레닌이 사망하자 1924년에 결국 스탈린이 트로츠키를 제압하는 데 성공했고요. 어쨌든 1925년에 일본과 국교가 정상화되면서 한국의 민족해방운동에 대한 소련의 지원도 철회되었던 것이에요.

화요파, 즉 마르크스의 생일인 화요일에서 유래한 화요회그룹을 통해 국내에서 조선공산당을 조직한다는 코민테른의 결정은 이런 정세 변화에 따른 것이었습니다. 그러나 1925년에 조직된 조선공산당에서도 상해파와 이르쿠츠크파의 갈등이 재생산되었지요. 화요파가 이르쿠츠크파와 친화성을 가졌던 반면 그 라이벌인 서울청년회 그룹은 상해파와 친화성을 가졌거든요. 게다가 일본유학파인 북풍회(북성회)그룹까지 가세했습니다. 화요회처럼 북풍회도 서울청년회와 대립했는데, 나중에 일월회가 북풍회를 비판하면서 서울청년회 그룹 일부(서울신파)를 포섭하여 ML파를 형성했지요. 서울청년회그룹의 나머지는 서울·상해파(서울구파)를 형성했고요.

조선공산당은 화요파가 주도하다가 그들이 검거된 이후에는 ML파가 주도했습니다. 그러나 분파 갈등이 지속되자 1928년의 「조선문제에 관한 결의」, 즉 「12월 테제」에서 코민테른이 기존의 공산당을 해체하고 대중운동을 토대로 공산당을 재건한다고 결정했지요. 조선공산당을 재건한 주역이 바로 화요파 출신 박헌영의 『콤무니스트』그룹과 ML파 출신 이재유가 서울·상해파 출신 이현상, 신진공산주의자 김삼룡·이관술 등과 조직한 일련의 경성그룹이었어요.

충남 예산의 잔반(殘班, 몰락양반)으로 미곡상 출신인 박현주의 서자 박헌영(1900-56)에 대한 기본 문헌은 임경석 교수의 『이정 박헌영 일대기』(역사비평사, 2004)와 안재성 작가의 『박헌영 평전』(실천문학사, 2009)입니다. 1919년에 경기고를 졸업한 박헌영은 이듬해 일본을 거쳐 상해로 망명하여 1921년에 이르쿠츠크파 고려공산당에 가입했지요. 처음에 접촉한 상해파 고려공산당은 아무런 투쟁경력도 없는 그의 가입에 대해 유보적이었거든요. 또 1921년에는 상해상과대학에 입학하기도 했고요.

박헌영은 1925년 창당 때부터 조선공산당의 핵심이었습니다. 또 1929년에 코민테른이 공산당재건운동을 지도하기 위해 이르쿠츠크파와 상해파를 통합하여 조직한 조선위원회의 핵심이기도 했고요. 조선위원회 기관지가 『콤무니스트』였으므로, 공산당재건운동을 위해 코민테른이 파견한 '국제선'(국제조직)을 『콤무니스트』그룹이라고 부르기도 했던 것이지요.

함남 삼수(개마고원 북단)의 화전민 집안 출신인 이재유(1905-44)에 대한 기본 문헌은 김경일 교수의 『이재유, 나의 시대 나의 혁명: 1930년대 서울의 혁명운동』(푸른역사, 2007)과 안재성 작가의 『식민지 노동자의 벗 이재유』(사계절, 2008)입니다. 보성·송도고보를 중퇴하고 조선공산당에 가입한 그는 1932년에 충남 금산의 왕족 출신이자 고창·중앙고보와 보성전문(법과)을 중퇴한 이현상(1905-53)과 충북 충주 출신으로 초등학교만 졸업한 김삼룡(1910-50)을 만나 공산당재건운동을 추진했는데, 이들이 경성트로이카였지요. 또 1934년부터 울산 향반 출신으로 중동고보를 거쳐 도쿄고등사범을 졸업한 이관술(1902-50)과 경성재건그룹·준비그룹 등을 조직했고요.

이재유의 경성그룹이 『콤무니스트』그룹의 박헌영을 지도자로 영입하여 1939년에 결성한 것이 바로 경성콤그룹이었습니다. 경성콤그룹은 1920년대의 분파투쟁을 지양했다고 평가할 수 있는데, 결국 화요파 박헌영, ML파 이재유, 서울·상해파 이현상의 결합이었기 때문이지요. 경성콤그룹에 대해서는 임경석 교수의 「국제선 공산주의그룹과 박헌영」(『진보평론』, 2005년 여름), 「잡지 '콤무니스트'와 국제선 공산주의그룹」(『한국사연구』, 2004년 9월)과 안재성 작가의 역사소설 『경성트로이카』(사회평론, 2004)를 참고하세요.

나아가 경성콤그룹이 1945년 8월에 재건한 조선공산당도 1920년대의 분파투쟁과는 별로 관련이 없었다는 사실을 강조해두겠습니다. 1980년대에 주사파가 박헌영과 재건파 조선공산당을 종파주의자로 비판한 것은 『역사비평』에 참여하여 이종석 전통일부장관 등을 지도한 전향자 김남식 씨와 『강철서신』의 저자였다가 전향한 김영환 씨가 유포한 마타도어 때문이었지요.

여담이지만, 박헌영이 '미제의 고용간첩'이었다는 고발은 스탈린주의에 전형적인 숙청방법이었습니다. 그 인적 증거로 활용된 사람이 이른바 '박헌영의 첫애인'인 현앨리스였어요. 현앨리스는 현순의 맏딸이었는데, 역관 출신의 중인 집안에서 태어난 그는 배재학당의 교사 겸 학감이자 정동교회의 목사였고 상해에서는 박헌영과 함께 이르쿠츠크파로 활동하기도 했지요. 현앨리스는 역시 미제의 고용간첩으로 고발된 이강국의 애인으로 남한 당국에 의해 처형된 김수임과 함께 '한국의 마타하리'로 간주되었어요.

정병준 교수의 『현앨리스와 그의 시대: 역사에 휩쓸려간 비극의 경계인』(돌베개, 2015)은 현앨리스와 박헌영을 복권시키는 '하나의 긴 논변'(one long argument, 다윈)입니다. 또 김수임은 1960년대 이래 반공주의 영화와 텔레비전드마라의 주요 소재였는데, 노무현 정부의 과거사청산 덕분에 2006년에 한국방송공사(KBS)의 팩션드라마 『서울 1945』에서 비극의 여주인공으로 부활했지요.

이 대목에서 샤브시나(샵쉬나)의 「한국공산주의운동과 민족해방운동(1918-1945)에 대한 러시아 한국학자들의 견해」(『한국독립운동사 연구』, 9집, 1995)와 「소련의 여류 역사학자가 만난 박헌영」(『역사비평』, 1994년 여름)을 참고할 수 있습니다. 또 김도종 교수의 「단절된 아관(俄館)의 역사에 대한 고찰: 해방 후 소련영사관의 활동 및 철수과정을 중심으로」(『국제정치논총』, 1998년 3호)와 기광서 교수의 「해방 직후 조선공산당에 대한 소련의 입장」(『역사비평』, 2003년 겨울)도 참고할 수 있고요.

1925년 일본과 국교를 정상화하면서 소련은 서울에 영사관을 개설했는데, 1939년에 부임하여 1946년 미소공동위원회가 결렬되고 조선정판사 사건이 발생하면서 영사관이 폐쇄될 때까지 정무담당 부영사로 활약한 샤브신(샤브쉰)은 당대 소련 최고의 한국통이었습니다. 또 그는 적어도 1944년부터 이관술의 동생이자 김삼룡의 부인인 이순금을 통해 전남 광주에서 지하활동 중이던 박헌영과 연락하면서 경성콤그룹을 지원하기도 했지요.

샤브신의 부인인 샤브시나는 귀국 후 소련의 대표적인 한국학자가 되었습니다. 그런데 그녀는 한국공산주의운동사에서 이르쿠츠크파적 편향과 함께 만주파적 편향을 비판한 바 있지요. 특히 중일전쟁 이후 일제의 입장에서는 만주의 무장투쟁보다는 오히려 국내의 공산당재건운동이 훨씬 더 위협적이었다고 평가했는데, 이 때문에 그녀의 저작은 북한과의 외교관계를 고려한 소련 당국에 의해 검열되어 공개될 수 없었어요.

샤브시나 등의 증언에 따르면, 소련 외교부는 박헌영을 지지한 반면 소군정은 김일성을 지지했습니다. 외교부가 박헌영을 지지한 것은 사실 당연한 일이었는데, 박헌영은 코민테른이 파견한 국제선이었거든요. 그러나 마치 미군정이 국무부와 대립하면서 이승만을 지지했던 것처럼, 소군정도 외교부와 대립하면서 김일성을 지지했던 것이에요. 물론 박헌영이 숙청된 다음에는 외교부도 김일성을 지지했는데, 그래서 샤브시나의 저작이 검열되었던 것이지요.

공산주의운동에 가담한 지식인에 대한 설명을 보충할 필요가 있는데, 전상숙 교수의 박사논문 『일제시기 한국사회주의지식인 연구』(지식산업사, 2004)가 기본 문헌입니다. 또 「사회주의 수용양태를 통해 본 일제시기 사회주의운동의 재고찰」(『동양정치사상사』, 2005년 1호)도 참고할 수 있는데, 여기서 전 교수는 '행동적' 활동가의 모델로서 이동휘, '이론적' 활동가의 모델로서 박헌영, 연구자의 모델로서 백남운을 설정하고 있지요.

국내에서 마르크스주의가 보급되기 시작한 것은 1920년대였습니다. 다이쇼 데모크라시 덕분에 일본에서 발전하기 시작한 마르크스주의가 일본유학생을 통해 수입되기 시작했고, 국내에서도 3·1운동을 계기로 부르주아 민족주의의 한계가 드러난 데다가 총독부도 무단통치에서 한 걸음 물러나 문화통치를 표방하기 시작했거든요.

메이지 천황을 승계한 다이쇼 천황의 재위기간은 1912-26년이었는데, 전후로 몇 년씩 연장하여 1905년 러일전쟁의 승전부터 1931년 만주사변의 발발까지를 다이쇼 데모크라시 시대라고 부르는 것이 통설입니다. 참고로, 메이지 천황의 재위기간은 1867-1912년이었고 쇼와 천황의 재위기간은 1926-89년이었어요.

다이쇼 데모크라시를 1905년까지 소급하는 것을 보면, 러일전쟁의 승전을 계기로 야마가타파가 득세하기는 했어도, 이토파의 반격도 만만치 않았음을 알 수 있습니다. 물론 이토가 안중근에게 암살되면서 이런 반격은 10년간 유보되었지만요. 그러나 1918년에 이토의 후예 하라(原敬)가 1900년에 이토가 결성한 정우회를 중심으로 일본 최초의 정당내각을 출범시키면서 다이쇼 데모크라시가 완성될 수 있었지요. 또 조선에서도 3·1운동을 계기로 무단통치가 문화통치로 완화될 수 있었고요.

전 교수의 분석에 따르면, 1920년대 조선공산당 관련자의 출생지는 절반 정도가 기호지방이었고 그 과반이 호남지방이었습니다. 또 나머지는 영남지방과 서북지방이 반분했는데, 서북지방에서는 관북지방(함경도) 출신이 관서지방(평안도·황해도) 출신을 압도했지요. 호남과 영남의 마르크스주의자는 대부분 지주 집안 출신의 일본유학생이었다고 합니다. 반면 관북에서는 러시아혁명의 영향과 함께 일제가 시작한 산업화의 영향이 중요했고요.

반면 출생지와 달리 거주지는 서울의 비중이 컸습니다. 출생자 비중 6%, 거주자 비중 26%였거든요. 반면 관북은 출생자 비중 15%, 거주자 비중 6%였고요. 학력은 중등·고등교육 12%, 유학 16%였고, 직업은 언론인 25%, 교사 3%였습니다. 또 생활수준은 중·상층이 62%였고요. 이런 수치는 조공 관련자의 다수가 중·상층 출신의 지식인이었으며 주로 서울에서 활동했음을 의미하지요. 대중적 토대가 취약한 조공은 주로 사상운동에 치중했던 것이에요.

1930년대 공산당재건운동 관련자의 출생지를 보면, 기호의 비중은 하락하고 관북의 비중은 급상승하여 거의 동일해졌는데, 두 지방을 합하면 3/4이었습니다. 기호의 비중이 하락한 것은 서울·경기의 비중은 상승한 반면 호남의 비중은 급락했기 때문이지요. 또 영남의 비중도 하락했고요.

출생지와 달리 거주지에서 서울의 비중은 여전히 컸습니다. 출생자 비중 8%, 거주자 비중 23%였거든요. 반면 관북은 출생자 비중 37%, 거주자 비중 26%였는데, 그만큼 대중화가 진전되었던 것이지요. 학력은 중등·고등교육 14%, 유학 15%였고, 직업은 언론인 10%, 교사 3%였습니다. 또 생활수준은 중·상층이 20-30%였고요. 따라서 공산당재건운동 관련자 중에서 중·상층 출신의 지식인이 감소했고 대중적 토대가 확대되었던 것이지요.

전 교수는 조선공산당 관련자와 공산당재건운동 관련자의 연령대에도 주목하고 있습니다. 전자는 20대 73%, 30대 18%였는데, 후자는 20대 73%, 30대 13%였다는 것이지요. 30대의 비중이 오히려 낮아지고 여전히 20대의 비중이 높았다는 것은 조선공산당 관련자와 공산당재건운동 관련자가 인적으로 연결된 것은 아니었기 때문이에요. 달리 말해서 세대교체가 발생했다는 것이지요.

공산당재건운동이 진행되는 동시에 전향자도 급증했는데, 특히 1937년 중일전쟁이 계기였다는 사실에 주목해두겠습니다. 이 문제와 관련해서는 전 교수의 저서 외에도 홍종욱 교수의 「중일전쟁기(1937-1941) 조선사회주의자들의 전향과 그 논리」(『한국사론』, 44집, 2000)와 「'식민지 아카데미즘'의 그늘, 지식인의 전향」(『사이間SAI』, 11호, 2011)을 참고할 수 있지요.

전향은 '행동적' 전향과 '이론적' 전향으로 구별할 수 있습니다. 행동적 전향이란 사상은 포기하지 않고 운동만 포기한 준(準)전향을 의미했고, 이론적 전향이란 사상을 포기하고 그 결과 운동도 포기한 진정한 전향을 의미했지요. 종교에 귀의한 이론적 전향, 즉 '종교적' 전향도 있었고요. 이런 대량의 전향에 대한 유일한 예외가 바로 경성콤그룹이었는데, 심지어 만주의 동북항일연군에 소속되었던 김일성 부대도 1940년에 소련으로 망명·도주할 수밖에 없었어요.

중일전쟁 직전의 전향은 주로 가족 문제와 수형생활의 고통으로 인한 행동적 전향이었는데, 각각 34%를 차지했습니다. 그러나 중일전쟁 직후에는 그런 전향이 각각 11%와 4%로 감소했어요. 대신 시국인식으로 인한 이론적 전향이 출현하여 46%를 차지했는데, 특히 코민테른의 국제주의에 대한 비판이 그런 전향을 정당화한 가장 중요한 논거였지요. 그러면서 아시아먼로주의와 대동아공영권을 수용했던 것이고요.

이론적 전향의 모델은 만주사변 직후인 1933년에 일본공산당 중앙위원장 사노(佐野學)와 중앙위원 나베야마(鍋山貞親)가 감행한 전향이었습니다. 그들은 코민테른의 국제주의란 실은 소련의 외교정책일 따름이라고 선언했지요. '사회주의조국' 소련의 이익을 위해 세계혁명운동을 이용했다는 것인데, 경성콤그룹이 전향하지 않은 것은 그런 마타도어에 속지 않았기 때문이에요.

소련과 코민테른에 대한 사노-나베야마의 비판이 트로츠키주의자, 특히 클리프의 비판과 공명한다는 사실에도 주목할 수 있습니다. 한국전쟁기에 정통파 트로츠키주의자 만델은 미국·남한을 비판하면서 소련·북한을 지지한 반면 이단파 트로츠키주의자 클리프는 미국·남한과 함께 소련·북한도 비판했어요. 마르크스주의가 부르주아지의 '최후의 도피처'(last refuge, 최후의 수단)라고 비판한 평의회마르크스주의자 마틱을 흉내내어 말하자면, 클리프의 트로츠키주의를 '최후의 반공주의'라고 비판할 수 있겠지요. 클리프에게서 미국·남한 비판은 소련·북한 비판을 위한 '고육지계'였을 따름이거든요.

한국사회사 논쟁과 한국사회성격 논쟁

물론 경성콤그룹이나 재건파 조선공산당에게 한계가 없었다는 것은 아닙니다. 『봉건제론』에서 이미 지적한 것처럼, 중국과 비교해볼 때 한국에 모택동은 몰라도 이대교나 진백달은 없었지요. 박헌영을 모택동과 유비할 수 있는 반면 전석담을 모택동의 스승 이대교는 물론이고 그의 비서 진백달과 유비하기에는 주저되는데, '때가 불리했던'(時不利) 데다가 '힘도 부족했기'(力不足) 때문이에요.

일제강점기 최고의 마르크스주의자는 물론 백남운(1894-1979)이었습니다. 그는 전북 고창 출신으로 수원 백씨였는데, 조광조의 제자였던 백인걸의 12대손이었지요. 또 그의 부인은 기대승의 후손이었고요. 백남운의 부친 백낙규는 송병선의 제자였으므로, 그의 집안은 서인 정통파인 노론이었어요. 또 그의 조부 뻘인 백관수는 김성수의 죽마고우였고요. 백남운 평전은 고 방기중 교수의 박사논문인 『한국근현대사상사 연구: 1930-40년대 백남운의 학문과 정치경제사상』(역사비평사, 1992)을 참고하세요.

그러나 해방정국에서 백남운은 여운형과 마찬가지로 박헌영의 재건파 조선공산당에 합류하지 않았습니다. 그래서 그를 범문란에 유비할 수 없는 것이지요. 게다가 그는 김두봉 등 연안파와 함께 조선신민당을 조직하기도 했어요. 이 점에서는 모택동을 보좌하지도 않았지만 그렇다고 해서 모택동과 경쟁하지도 않았던 곽말약과도 달랐지요. 당시 백남운이 삼국시대까지를 대상으로 한 『조선사회경제사』(1933)와 통일신라·고려를 대상으로 한 『조선봉건사회경제사』 상권(1937)의 후속작업을 했었더라면 오히려 더 낫지 않았을까 하는 생각이 들어요.

백남운의 비판자였던 이청원(?-?)은 일본 강좌파의 스탈린주의를 맹종했습니다. 그의 이력은 일본유학 말고 알려진 것이 없는데, 그러나 역시 일본유학생으로서 ML파 출신이었고 영남사림의 후예로서 정약용 연구자였던 최익한(1897-?)의 사위였어요. 본래 식민지반봉건사회구성체론자였던 이청원은 최익한과 함께 장안파 조선공산당에 가담하면서 자본주의사회구성체론에 따라 민주주의혁명을 생략한 사회주의혁명을 주장했지요. 해방정국에서 최익한과 이청원은 이렇게 박헌영과 경쟁했던 것이에요.

백남운의 미완의 작업을 계승한 사람이 바로 해방정국에서 고상 교수였던 전석담(1916-?)이었습니다. 황해도 은율의 지주 집안 출신인 그는 해방 이전에는 별로 알려지지 않았지요. 그러나 해방 직후부터 일련의 저작이 거의 폭발적으로 발표되었어요. 1940-41년 경성콤그룹 사건으로 구금·석방된 다음 몇 년간 연구에 몰두했으리라고 짐작할 수 있는 대목이지요.

해방정국에서 고상 교수로 부임한 전석담은 1946년에 동료 교수였던 김한주·박시형과 함께 『이조사회경제사』를 집필하여 사회사 논쟁에 기여했는데, 당시 백남운과 함께 경성대학 법문학부 교수였던 박극채도 참여했습니다. 또 1947년에는 고상의 동료 교수였던 김한주·이기수와 함께 『현대조선사회경제사』를 집필하여 사회성격 논쟁에도 기여했고요. 물론 개인 작업도 있었는데, 1948년의 『조선사교정』은 통사였던 반면 1949년의 『조선경제사』는 사회사·사회성격 논쟁과 관련된 논문집이었지요.

전석담을 비롯한 월북학자에 대해서는 임영태 씨의 「북으로 간 맑스주의 역사학자와 사회경제학자들」(『역사비평』, 1989년 가을)을 참고할 수 있습니다. 그의 분석에 따르면, 월북한 주요 경제학자 17명과 주요 사회경제사학자 8명 중 고상 교수가 6명으로 1/4이나 되었지요. 월북한 법학·정치학(사회학 포함) 교수는 거의 없었다는 사실도 아울러 지적해두겠어요.

『한국자본주의의 역사』에서도 언급했지만, 1960년대 중반까지 서울대에서는 정치학과가 법학과의 라이벌이었습니다. 경제학과는 그럴 수준이 아니었는데, 주요 인사의 월북으로 인해 교수진이 형해화되었기 때문이지요. 제가 학부에 다니던 1970년대 중반까지도 경제학과 학부에서조차 제대로 진행된 강의는 거의 없었어요. 유일한 예외가 조순 교수의 강의 정도였거든요.

『한국자본주의의 역사』에서 지식인의 역사를 정리해보려다가 포기했다고 했는데, 특히 경제학계의 역사를 정리할 수 없었기 때문입니다. 제 은사이기도 한 강명규 교수의 시도도 별로 성과가 없었고요. 반면 정치학계의 역사는 김계수 교수의 『한국정치학: 현황과 경향』(일조각, 1969)과 「한국정치학자들의 학문적 정향과 정치적 선호에 관한 연구: 1960년대와 1980년대의 비교」(안병만 교수와의 공저, 『한국정치학회보』, 24집, 1991)를 참고할 수 있습니다. 물론 해방 이후 남한 학계를 대표한 것은 한국사학계였는데, 조금 이따가 자세하게 설명하겠어요.

여담이지만, 『이론』 동인 시절 경제학과 61학번인 김수행 교수와 상학과(경영학과) 64학번인 정운영 교수가 정치학과 66학번인 김세균 교수에게 늘 한 수 접어주던 까닭이 궁금했습니다. 경제학과 73

학번인 제게 정치학과는 이미 관심의 대상이 아니었는데, 법학과를 추격하고 심지어 추월할 수도 있다고 생각했거든요. 돌이켜보면, 해방 이후 한국사회의 변화는 언제나 이렇게 격심했어요.

물론 경제학과가 정치학과를 능가했다는 것은 입학 성적에서 그랬다는 것이지 학문적 성과에서 그랬다는 것은 아닙니다. 방금 언급한 것처럼, 강명규 교수가 김계수 교수의 한국정치학사에 비견되는 한국경제학사를 집필할 수 없었던 것은 한국경제학계가 한국정치학계에 비해 후진적이었기 때문이에요. 한국경제학계가 내실을 결여했다는 것인데, 한국사학계나 한국정치학계가 아니라 오히려 한국경영학계나 한국법학계에 유비해야겠지요.

각설하고, 김용섭 교수(1931-, 강원 세포)와 박현채 선생(1934-95, 전남 화순)을 통해 계승되어온 백남운과 전석담의 작업이 본격적으로 재개된 것은 1980년대의 한국사회사 논쟁과 한국사회성격 논쟁이었습니다. 해방 이후 김용섭 교수는 식민사관의 타율성론과 정체성론을 비판하기 위해 백남운의 사회경제사를 복권시키면서 내재적 발전론을 제창했지요. 또 소장연구자를 중심으로 1988년에 조직된 한국역사연구회가 김 교수의 작업을 계승하여 1992년에 역사비평사에서 『한국역사』를 출판했고요.

그런데 1990년대 중반에 낙성대학파-교토학파와 팔레학파가 김용섭 교수와 한역연의 내재적 발전론에 대한 비판을 제기하기 시작했습니다. 또 한국사학계에서 포스트모더니즘 역사관과 동시에 역사학의 대중화 내지 속류화가 확산되면서 자중지란이 발생하기도 했고요. 그래서 한 세대 전에 출판한 『한국역사』가 아무런 개정도 없이 아직도 시판되고 있는 것이지요.

『한국역사연구회 회보』 등을 보면, 『한국역사』를 출판한 직후부터 내부 논쟁이 시작된 것 같습니다. 1995-96년에 풀빛에서 출판한 『한국역사입문』에서는 역사의 보편적 인과법칙을 상대화했거든요. 『봉건제론』에서 『한국역사입문』에 대해 미처 검토하지 못한 채 『한국역사』의 통사(通史)를 보완한 단대사(斷代史, 시대사)로 간주했는데, 전적으로 저의 불찰이었지요.

3권짜리 『한국역사입문』은 연구사 정리였는데, 『한국역사』를 준비하는 과정에서 출판한 2권짜리 『한국중세사회 해체기의 제문제』(한울, 1987)와 4권짜리 『한국현대사』(풀빛, 1991)를 종합하려던 의도였던 것 같습니다. 그러나 집필과정에서 역사이론이 변화하면서 출판이 계획보다 1-2년 연기되었던 것 같아요.

『한국역사입문』의 새로운 역사이론에 따라 『한국역사』를 보완하는 것으로 계획된 단대사는 결국 출판되지 못했는데, 아마 보편적 인과법칙의 상대화에 대한 합의가 성립하지 않았기 때문인 것 같습니다. 작년부터 푸른역사에서 10권 계획으로 출판된 한국역사연구회시대사총서도 이런 계획과는 무관한 것이고요. 이미 출판된 5-6권 조선시대사는 주제별 서술인 반면 7-8권 개항기·일제강점기는 시기별 서술이거든요.

여기서 한국사학계의 용어법을 정리해두겠습니다. 통사는 개설서라고 부르고 연구사 정리는 입문서라고 부르는데, 경제학계의 용어법과 뉘앙스에서 차이가 있지요. 『현대경제학 비판』(공감, 2011)에서 설명한 것처럼, 전공자를 위해 원리를 설명하는 분석 위주의 교과서를 입문서(introduction)라고 부르고 비전공자를 위해 원리를 설명하지 않는 묘사 위주의 교과서를 개론서(outline)라고 부르는 것이 경제학계의 용어법이거든요.

어쨌든 『한국역사』와 『한국역사입문』 이후 1990년대 중·후반 한역연의 주요 작업은 '(…)어떻게 살았을까'라는 제목이 붙은 일련의 생활사였습니다. 포스트모더니즘의 영향으로 역사의 보편적 인과법칙을 상대화하면서 사회경제사에서 문화사로 관심이 이행했던 것이지요. 고대와 조선시대의 생활사에서 시작하여 고려시대, 삼국시대를 거쳐 현대사까지 생활사를 주제로 한 단대사가 완성되었는데, 역사학의 대중화인가 아니면 속류화인가라는 논란에도 불구하고 재정적 기여는 상당했던 것 같아요.

그러나 한역연이 만화와 텔레비전까지 관심을 갖는 것은 외도라고 할 수밖에 없을 것입니다. 한역연은 『이현세 만화 한국사 바로보기』(2004-05, 2012)나 『처음 읽는 우리 역사』(2007)와 『역사저널 그 날』(2013-)에 집단적·개인적으로 개입해왔지요. 마치 봉건제에서 문맹자인 농민에게 전도하기 위해 신부나 승려가 미술을 이용했던 것처럼 말이에요.

이런 상황에서 이세영 교수를 비롯한 선배 그룹은 한역연 내부의 세대차로 인한 연구자 재생산의 위기에 주목했던 것 같습니다. 그러나 후배 그룹의 공감을 얻지 못하면서 한동안 동문서답이 오간 것 같아요. 그런 와중에 심지어 '실물경제와 괴리된 채 급성장한 [금융] 자산시장의 거품'에 비유한 자조적 평가도 나온 적이 있고요.

그러나 내재적 발전론이 개념과 이론을 결여한 것이 더 큰 문제인 것 같습니다. 마치 일본의 노신 연구자 겸 번역가인 다케우치(竹內好)가 일본 지식인을 비판한 것처럼, '기존의 개념이 현실과 잘 맞지 않게 되면 새로운 개념을 찾기 시작한다'는 격이었다고 할 수 있지요. 사상적 전향은 사실 개념과 이론이 결여되었기 때문에 발생하는 법이거든요.

신주백 박사도 같은 생각인 것 같습니다. 그는 「1950년대 한국사 연구의 새로운 경향과 동북아시아에서 지식의 내면적 교류: 관점과 태도로서 '주체적·내재적 발전'의 태동을 중심으로」(『한국사연구』, 160집, 2013)와 「관점과 태도로서 '내재적 발전'의 형성과 1960년대 동북아시아의 지적 네트워크」(『한국사연구』, 164집, 2014)에서 내재적 발전론은 개념과 이론이 아니라 관점과 태도였을 따름이라고 주장하고 있지요.

사실 김용섭 교수와 한역연의 역사이론은 1950년대 말 1960년대 초까지 북한 한국사학계의 역사이론을 수용한 것에 불과했다고 할 수 있습니다. 달리 말해서 1960-70년대에 알튀세르에 의해 촉발된 서구마르크스주의의 논쟁은 아무런 영향도 끼치지 못했다는 것이에요. 그런 결함을 해결해보려고 『봉건제론』을 출판했던 것인데, 아쉽게도 아무런 반응이 없더군요.

서구마르크스주의 논쟁의 결론은 레닌이나 모택동의 주장과 달리 봉건제의 붕괴 속에서 발생한 자본주의의 맹아로서 소상품생산은 자본주의로의 이행과 별로 관계가 없었다는 것이었습니다. 심지어 매뉴팩처조차 마찬가지였고요. 이런 결론은 물론 『자본』 1권을 자본주의적 생산양식론으로 재해석한 결과였는데, 바로 이것이 『'자본'을 읽자』(1965)에서 알튀세르와 그의 제자들의 기여였지요.

『마르크스의 '자본'』(공감, 2009)에서 자세하게 설명한 것처럼, 자본주의적 생산양식은 기계제대공업에 의해 완성되었던 것인데, 자본주의적 생산관계에 적합한 생산력이 형성되었던 것이 바로 산업혁명이었습니다. 반면 매뉴팩처에서는 자본주의적 생산관계에 적합한 생산력이 존재하지 않았고, 소상품생산에서는 자본주의적 생산관계 이전의 상품·화폐관계만 존재했지요.

나아가 『봉건제론』에서 자세하게 설명한 것처럼, 『자본』에서 제시된 자본주의적 생산양식론을 참고하면서 봉건제적 생산양식론은 물론이고 심지어 노예제적 생산양식론을 제시해볼 수 있습니다. 나아가 자본주의의 역사동역학(historical dynamics)을 참고하면서 봉건제·노예제의 역사동역학도 제시해볼 수 있고요.

어쨌든 봉건제의 붕괴는 기껏해야 자본주의로의 이행을 위한 필요조건이지 충분조건은 결코 아닙니다. 자본주의의 붕괴와 공산주의로의 이행의 관계도 역시 마찬가지이고요. 조금 다른 문맥이지만, 케인즈가 애용하던 속담을 인용하자면, '잔 속의 포도주도 못 마실 수 있다'(There may be several slips between the cup and the lip, 입 속의 떡도 못 삼킬 수 있다)는 것이에요.

이런 맥락에서 전석담이 사회사·사회성격 논쟁에 기여하는 동시에 『자본』 번역에 기여한 것은 우연한 일이 아니었다는 사실을 알 수 있습니다. 물론 전자의 기여에 비해 후자의 기여는 부차적이었지만요. 『자본』의 번역자가 당대를 대표한 마르크스주의였던 적은 없거든요. 예를 들어 곽말약·범문란은 물론이고 이대교·진백달도 『자본』의 번역자는 아니었어요.

1947-48년에 전석담이 고상의 동료 교수였던 최영철·허동과 함께 번역한 『자본』 1-2권이 원본이 되어 나중에 북한판 『자본』과 남한에서 김수행 교수의 이름으로 출판된 비봉판 『자본』이 출판될 수 있었습니다. 그런데 김수행 교수의 사망을 전후로 『자본』의 번역을 둘러싼 논란이 제기되었고, 엉뚱하게도 저까지 연루되었으므로, 제가 알고 있는 사실과 함께 저의 입장도 밝혀두겠어요.

김수행 교수가 비봉판 『자본』의 번역에 본격적으로 참여한 것은 한신대를 사직한 직후인 1987-88년이었습니다. 그 전에 이미 비봉에서는 전석담판과 북한판 『자본』을 윤문하여 김 교수의 감수로 출판하려고 계획했었고, 그래서 한신대 경상학부 졸업생인 김현미 씨를 편집부 직원으로 채용했었지요. 그러나 2권 2분책과 3권을 구하는 것이 늦어지는 바람에 결국 1권의 감수와 함께 2-3권의 번역도 김 교수에게 부탁할 수밖에 없었던 것이에요.

비봉판 『자본』은 1989년 3월과 5월에 1권과 2권이 출판되었는데, 그러나 그 후 1-2년이 지난 1990년 2월과 11월에야 비로소 그것도 상하로 나뉘어 3권이 출판될 수밖에 없었던 데는 이런 사정이 있었습니다. 그래서 1권의 초판에서 김 교수가 정식의 '역자 서문' 대신 각서 형식의 「번역자의 말」을 쓰면서 김현미 씨의 '노고'를 치하했던 것이고요. 김 교수는 3권까지 번역을 완결하고 역시 1-2년이 지난 1991년 11월에야 겨우 『자본』의 핵심인 1권을 번역할 수 있었지요.

「'자본론' 번역의 내면 풍경」(『마르크스주의 연구』, 2016년 봄)에서 유동민 교수가 제시한 '용비어천가'는 『한국자본주의의 역사』에서 이미 비판한 바 있는 서울대 경제학과 영남인맥을 연장해보려는 '천민적 연고주의'의 발로일 따름입니다. 게다가 유 교수는 김 교수의 『자본』 번역을 변호하기 위해 『마르크스의 '자본'』에서 제시된 '인문학자가 아니라 과학자로서 마르크스'라는 저의 주장까지 차용하고 있지요. 그러나 「아카데미즘 내부의 의사소통을 위하여」(『마르크스주의 연구』, 2010년 여름)에서는 이 책에 대해 악평했어요.

『자본』 독어판을 번역한 강신준 교수에 반대하여 영역판을 중역한 김수행 교수를 비호하려는 발상 자체가 우스꽝스러운(ridiculous) 짓입니다. 과학이든 인문학이든 중역이란 번역의 기본을 무시한 상업주의의 발로일 따름이거든요. 영어밖에 모르는 김수행 교수가 아니라 학부에서 독문학을 전공하고 대학원에서는 경제학을 전공한 강 교수가 『자본』의 번역자로서 훨씬 더 적합했다는 것도 두말할 나위 없는 일이고요.

참고로, 『'자본'을 읽자』에서 '역사과학으로서 경제학 비판'이라는 관점에서 소련마르크스주의의 대안으로서 서구마르크스주의를 완성했던 알튀세르와 그의 제자들은 『자본』 1권과 함께 『1857-58년 원고』('그룬트리세')와 『1861-63년 원고』 일부(『자본』 1권의 일부에 해당하는 노트 I-V)를 번역하기도 했습니다. 그런데 그 책임자는 알튀세르의 제자 중에서 독문학자로 유명한 르페브르(마르크스주의 철학자 르페브르의 아들)였어요.

각설하고, 식민사관에 대한 김용섭 교수와 한역연의 비판에 한계가 있었다는 사실에 주목해두겠습니다. 김 교수는 식민사관의 핵심을 타율성론과 정체성론으로 설정했는데, 타율성론 비판은 문제가 있어요. 낙성대학파 등의 반비판도 여기에 집중되었던 것이고요. 나아가 방금 설명한 서구마르크스주의의 논쟁을 고려하면, 자본주의 맹아론이 아니라 오히려 이식자본주의론이 타당한 것이지요.

『봉건제론』에서 강조한 것처럼, 식민사관의 핵심은 정체성론과 당쟁망국론이었는데, 김용섭 교수와 한역연은 정체성론 비판에 기여했고, 서울대 국사학과 교수진은 당쟁망국론 비판에 기여했습니다. 한영우 교수의 『역사학의 역사』(지식산업사, 2002)는 한국사학사에 대한 중요한 기여였는데, 이덕일 씨의 무고와 달리 서울대 국사학과의 서인사관이 가문사학이 아니었다는 사실을 알 수 있지요.

평양 기자사당의 좨주(祭酒, 제사담당관) 집안 출신인 한우근은 조선시대사를 복권시키면서 맹아론과 실학론을 비판했습니다. 물론 한경직과 같은 평남 평원 출신으로 개신교도였던 김철준은 이기백처럼 고대사에 더 관심이 많았지만요. 그러나 이기백과 달리 일관된 보수주의자로서 김철준은 한국사교육을 강화한 유신과 5공을 지지함으로써 한국사학계의 이륙(takeoff)에 결정적으로 기여한 바 있는 '학술행정가'이기도 했지요.

한우근을 계승하여 조선시대사를 본격적으로 연구한 사람은 한영우였는데, 『봉건제론』에서 한국사는 김용섭 교수와 한역연, 나아가 한영우 교수의 작업을 주로 참고했습니다. 충남 서산에서 출생한 그는 북인·기호남인 계통의 향반 집안 출신이었지요. 또 그는 철학자 박종홍, 사회학자 최문환, 심지어 경제학자 박희범의 영향을 받은 민족주의자이기도 했어요.

한영우의 조선시대사를 수정·보완한 사람이 바로 경북 성주 출신인 이태진이었습니다. 특히 이태진은 한영우처럼 정도전을 존숭한 것이 아니라 정몽주와 사림파를 존숭했고, 나아가 그 근거로서 사회경제사 연구를 심화시켰지요. 서인사관의 완성은 한영우와 함께 이태진의 기여였다고 할 수 있어요.

『봉건제론』에서는 16-17세기가 조선의 전성기였다고 주장했는데, 알고 보니 한국사학계에서는 이것을 '조선중기론'이라고 부른답니다. 임진왜란과 병자호란을 경계로 조선전기와 조선후기로 시기를 구분하는 기존의 통설을 대체한 새로운 통설이 조선중기론인데, 국사편찬위원회의 1973-79년판 『한국사』(25권)와 1993-2002년판 『한국사』(52권)를 비교해보면 이런 변화를 알 수 있지요.

그런데 한국사학계에 대한 이런 비판에는 사실 제 시기심도 작용하고 있습니다. 한국경제학계는 아예 비판할 건더기도 없거든요. 종암동 상대 시절에 저는 동숭동 문리대 근처에서 살다시피 했었어요. 상대 교수진에 대한 실망에 반비례하여 문리대 교수진에 대한 막연한 동경이 있었지요. 요즘 국사학과 교수들의 회고담을 읽어보면 역시 교수다운 교수는 문리대에 있었던 것 같아요.

어쨌든 한역연이 김용섭 교수를 계승한 것처럼, 박현채 선생을 계승한 것은 서울사회과학연구소와 과천연구실인데, 좀 더 자세한 설명은 『일반화된 마르크스주의 개론』을 참고할 수 있습니다. 그러나 한역연과의 차이도 있는데, 애당초 속류화의 빌미인 대중화를 목적으로 설정한 적은 없거든요. 그래서 사회진보연대가 2007-09년 금융위기 이후 대중화를 핑계로 속류화를 선택하는 것 같아 안타깝기도 한 것이고요.

박현채 선생이 제기하신 한국사회성격 논쟁을 계승한 것은 서사연이었습니다. 그런데 사회사 논쟁을 계승하는 것보다 사회성격 논쟁을 계승하는 것이 훨씬 더 어려운 일이었지요. 일제강점기와 해방정국만 보아도 사회성격 논쟁이 사회사 논쟁보다 훨씬 덜 체계적이었거든요. 게다가 러시아나 중국의 사회성격 논쟁이 아니라 일본의 사회성격 논쟁에 의존한 탓에 강좌파-봉건파나 노농파-자본파의 입장만 있었고요. 조금 이따가 자세하게 설명하겠어요.

인혁당 사건 이후 재야 경제평론가로 살아오신 박현채 선생으로서는 당연하게도 김용섭 교수처럼 체계적인 업적을 남기시는 것이 불가능했습니다. 그래서 양우진 교수 같은 새카만 후배에게 터무니없는 비방도 받으셨던 것이고요. 유동민 교수보다 한술 더 떴던 양교수의 지론은 박 선생의 민족경제론이 박정희 정부의 외자의존적 수출지향공업화론에도 미달했다는 것이었어요. 둘 다 민족경제가 목적인데, 박 대통령과 달리 박 선생에게는 적합한 수단이 없었으니까요. 그런 비방은 '하룻강아지 범 무서운 줄 모른다'는 격이어서 이병천 교수조차 용납할 수 없었지요.

어쨌든 박현채 선생이 제기하신 한국사회성격 논쟁을 개념화·이론화하려던 것이 제 의도였는데, 고 이성형 교수의 도움으로 라틴아메리카의 사회성격 논쟁에서 출발하여 결국 저 스스로 러시아·중국의 사회성격 논쟁에 도달할 수 있었습니다. 그리고 저의 결론에 동의해서 서사연으로 집결한 권현정·김석진 박사 같은 서울대 경제학과 후배들의 집단작업으로 『한국에서 자본주의의 발전: 시론적 분석』(새길, 1991; 개정증보판: 새길, 1991)이 출판될 수 있었던 것이지요.

1989-91년 소련의 붕괴와 함께 남한에서 마르크스주의의 위기가 폭발한 이후 한국사회성격 논쟁과 관련된 서사연의 작업은 마르크

스주의의 일반화와 관련된 과천연구실의 작업으로 발전했는데, 이에 대해서는 『일반화된 마르크스주의 개론』에서 자세하게 설명한 적이 있습니다. 물론 과천연구실 20주년을 자축하는 『일반화된 마르크스주의 세미나』(공감, 2014)도 참고할 수 있고요.

따라서 여기서는 한국사회성격 논쟁과 관련된 서사연의 작업에만 주목하겠습니다. 먼저 포크로프스키와 시도로프의 러시아사회성격 논쟁은 레닌의 '군사적·봉건적 제국주의' 개념을 둘러싸고 전개되었지요. 시도로프는 군봉제국주의가 현대제국주의에 미달한다고 주장한 포크로프스키를 비판하면서 러시아제국주의의 특수성이 바로 군사적·봉건적 성격이라고 주장했어요. 이 논쟁은 혁명 직후에 전개된 것인데, 그러나 혁명 직전 러시아사회의 성격을 대상으로 했으므로, 러시아사회성격 논쟁이라고 부를 수 있지요.

시도로프의 군봉제국주의론이 국가독점자본주의를 단계가 아니라 경향으로 인식하는 발단이었다는 사실도 지적해두겠습니다. 러시아는 산업혁명을 완성하는 동시에 제국주의로 이행했는데, 이때 국가가 정책적으로 지원한 독점의 형성이 바로 국독자적 경향이라는 것이었지요. 이렇게 해서 1차 세계전쟁이 제국주의적 전쟁이라는 레닌의 주장이 실증적으로 정당화될 수 있었던 것이고요. 다만 영국은 식민지적 제국주의, 프랑스는 고리대적 제국주의, 러시아는 군사적·봉건적 제국주의라는 특수성에서 차이가 있었어요.

러시아의 산업혁명사에 대해서도 간단하게 정리해두겠습니다. 먼저 영국의 산업혁명은 1760년대부터 1840년대까지 거의 100년간 진행되었습니다. 그러나 1861년의 농노해방 이후 러시아에서는 1880-90년대의 20년간 산업혁명이 진행되었는데, 동시에 프랑스의 제3공화국이 러시아국채를 매입해주어 제국주의와 국가독점자본주의가 성립되었던 것이지요.

참고로, 일본은 러시아와 10년의 시차가 있었습니다. 청일전쟁 직전부터 러일전쟁 직후까지 역시 20년간 산업혁명이 진행되면서 제국주의와 국가독점자본주의도 성립되었거든요. 다만 국채가 아니라 국가자본이 중요했다는 차이가 있었는데, 『한국자본주의의 역사』에서 주목한 모르크(Randall Morck)가 강조한 것처럼, 청일전쟁 직전 국가자본의 무상불하를 통해 재벌이 형성되었던 것이에요.

남한에 대한 설명도 대동소이했습니다. 『한국에서 자본주의의 발전』에서 설명한 것처럼, 1970년대의 중화학공업화가 산업혁명의 진행이자 국가독점자본주의의 성립이라고 할 수 있거든요. 1950년대 국유적산의 무상불하로 출발한 재벌에게 1960년대 이후의 정책금융이나 산업정책이 중요했는데, 적산불하는 일본과 유사했고 정책지원은 러시아와 유사했다고 할 수 있겠지요. 한일국교정상화와 베트남 파병은 물론 한국에 고유한 것이었고요.

러시아사회성격 논쟁에서 제기된 것과 동일한 쟁점이 중국사회성격 논쟁에서도 제기되었습니다. 즉 반식민지반봉건사회가 자본주의에 미달하는지 아니면 자본주의의 특수성인지 하는 것인데, 전자가 스탈린을 추종한 코민테른의 식민지반봉건사회구성체론인 반면 후자가 모택동-진백달이 주장한 매판적·봉건적 국가독점자본주의론, 즉 관료자본주의론이었지요.

그런데 중국에서는 제3의 입장도 있었습니다. 스탈린과 코민테른의 입장에 반대한 트로츠키와 트로츠키주의자의 입장이 그것이었는데, 식민지반봉건사회구성체론을 주장한 전자를 농촌파-봉건파라고 불렀고 자본주의사회구성체론을 주장한 후자를 경제파-자본파라고 불렀지요. 그러나 자본주의의 보편성과 특수성의 변증법을 간과한 그들 사이의 논쟁은 사실 사회성격 논쟁이 아니라 사회구성체 논쟁이었다고 할 수밖에 없어요.

일본사회성격 논쟁에서도 비슷한 입장이 제기되었습니다. 봉건파에 해당하는 것이 강좌파였고 자본파에 해당하는 것이 노농파였는데, 다만 노농파가 트로츠키를 추종한 것은 아니었지요. 그러나 시도로프 같이 일본제국주의의 특수성으로서 군봉제국주의를 주장한 입장은 존재하지 않았어요. 한국사회성격 논쟁에서 일본의 논쟁이 별로 중요하지 않았던 것은 사회성격 논쟁이 아니라 사회구성체 논쟁이었기 때문이지요. 게다가 저는 1980년대 초에 이미 일본마르크스주의에서는 별로 배울 것이 없고 따라서 서구마르크스주의를 공부할 필요가 있겠다고 판단했거든요.

일본에서는 전후에 비로소 러시아와 중국의 사회성격 논쟁에 대한 연구가 진행되었고, 그 결과 일본도 러시아처럼 군봉제국주의로 설명할 수 있게 되었습니다. 그러나 일제강점기 한국은 군봉제국주의가 아니라 이식자본주의로 설명해야 했지요. 이식자본주의는 물론 관료자본주의도 아니었는데, 이것이 식민지 한국과 반식민지 중국의 차이였어요. 따라서 이식자본주의에서 신식국독자로의 이행을 설명해야 했고, 바로 이것이 고 김기원 교수의 박사논문 『미군정기의 경제구조: 귀속기업체의 처리와 노동자 자주관리운동을 중심으로』(푸른산, 1990)의 주제인 적산불하였지요.

러시아사회성격 논쟁은 서사연 기관지인 『현실과과학』(8집, 1990)에 발표된 김종호 박사의 석사논문(초고) 「러시아제국주의 논쟁과 레닌의 러시아자본주의론」을 참고할 수 있습니다. 또 중국사회성격 논쟁은 김세은 씨의 「중국근대사회성격의 연구동향에 대한 일고찰」(『성대사림』, 8집, 1992)을 참고할 수 있는데, 다만 개혁·개방 이후 현대화론자의 모택동 비판과 장개석 복권을 추수한다는 사실에 주의할 필요가 있지요. 개혁·개방 이후 중국사학계는 현대화론자인 이회인(Huaiyin Li)의 *Reinventing Modern China: Imagination and Authenticity in Chinese Historical Writing* (University of Hawai'i Press, 2013)을 참고하세요.

경제·생산양식·사회구성체·사회성격의 용어법을 도식화할 수 있는데, 좀 더 자세한 설명은 『봉건제론』을 참고할 수 있습니다.

마르크스	경제≡생산양식	사회구성체(표준)	사회구성체(변이)
알튀세르	경제≠생산양식	생산양식	사회구성체
발리바르	경제≡생산양식	생산양식(광의)	사회구성체
윤소영	경제≡생산양식	사회구성체	사회성격

방금 일제강점기와 해방정국의 사회성격 논쟁에 강좌파–봉건파나 노농파–자본파의 입장만 있었다고 했는데, 이것이 인정식·이청원과 박문규·박문병의 논쟁이었습니다. 인정식·이청원이 강좌파–봉건파의 입장에서 박문규를 노농파–자본파의 입장이라고 비판한 반면 박문병은 박문규를 지지하면서 인정식·이청원에 대한 반비판을 시도했지요. 일본의 노농파–자본파가 트로츠키주의자는 아니었다고 했는데, 한국에서는 트로츠키주의자는커녕 노농파–자본파를 발견하기도 쉽지 않았어요.

그런데 이 논쟁은 농업에 대한 논쟁이었을 따름이므로, 사회성격 논쟁으로는 부족한 것이었습니다. 따라서 고 방기중 교수가 「일제하 백남운의 한국자본주의발달사론」(『동방학지』, 79집, 1993)에서 주장한 것처럼, 백남운의 이식자본주의론에 주목할 필요가 있는 것이에요. 다만 그의 이식자본주의론은 역사이론이었을 따름이었고, 실증 작업은 『조선경제사』와 『현대조선사회경제사』에서 전석담 등이 수행했지요. 백남운–전석담의 입장에서 식민지반봉건사회를 이식자본주의의 특수성으로 해석할 수 있다는 것이에요.

방기중 교수가 전석담에 대해서는 무관심했었다는 사실을 지적해 두겠습니다. 이런 무관심은 전석담이 추종한 박헌영의 '극좌노선'에 대한 반감과 관련되었던 것이기도 하고요. 『한국근현대사상사 연구』에서 제시된 백남운의 '중도좌파노선'에 대한 방 교수의 해석은 해방정국에 대한 강만길·서중석 교수의 입장과 친화성을 갖는 것이에요.

아울러 백남운이 조선학에 대해 관심이 많았다는 사실도 지적해 두겠습니다. 그래서 연전의 동료 교수인 정인보와 교류했던 것인데, 문화특수주의에 대한 그의 비판을 고려하면 얼마간 모순적이었지요. 김용섭 교수도 역시 한국학에 대해 관심이 많았는데, 저를 당혹스럽게 만든 『동아시아 역사 속의 한국문명의 전환: 충격·대응·통합의 문명으로』(지식산업사, 2008)를 이런 관점에서 이해할 수도 있을 것 같아요. 반면 전석담이나 박현채 선생은 조선학·한국학에 전혀 관심이 없었는데, 마르크스주의자로서는 당연한 일이었지요.

최근에는 한국사학계에서도 한국사회성격 논쟁에 대한 정리를 시도하고 있습니다. 그러나 아직까지는 박현채 선생과 안병직·이대근 교수의 논쟁까지를 정리하는 정도이고, 그러다 보니까 일본사학계의 영향이 과대평가되고 있다는 문제가 있지요. 예를 들어 홍종욱 교수의 「주변부의 근대: 남북한의 식민지반봉건론을 다시 생각한다」(『사이間SAI』, 17호, 2014)와 「가지무라 히데키(梶村秀樹)의 한국자본주의론: 내재적 발전론으로서의 '종속발전'론」(『아세아연구』, 2012년 가을)을 참고하세요.

이야기가 나온 김에, 한국사학계에서 답습하고 있는 일본식 용어법을 교정해두겠습니다. 전간기 일본의 중국사학계에서 교토학파를 개창한 나이토(內藤虎次郞)는 이른바 '당송변혁기론'을 제기하면서 근세(近世) 개념을 제시했는데, 영어로는 'early modern age'로 번역하는 것이 관례이지요. 근세는 전기인 송원과 후기인 명청으로 구별되기도 하고요. 물론 근대, 즉 'modern age'는 아편전쟁 이후이지요. 그러나 근세와 근대의 구별은 자의적 용어법이에요.

그냥 'modern age'는 현대이고 'early modern age'는 초기 현대라고 해야 합니다. 'modern age'는 현재 우리가 살고 있는 시대라는 의미이므로 당연히 현대라고 해야만 하는데, 마르크스적 의미에서는 자본주의 시대가 현대이지요. 따라서 송원은 물론이고 명청도 초기 현대라고 할 수는 없고요. 현대 개념을 둘러싼 역사철학적 논쟁은 영국의 마르크스주의 철학자 오스본(Peter Osborne)의 「사회-역사적 범주로서의 모더니티 이해: 차별적 역사적 시간의 변증법에 관한 각서」(『이론』, 1993년 여름)를 참고하세요.

현대의 반대 개념은 물론 고대입니다. 서유럽사에서는 고대 이후에 중세(middle age)를 설정하는데, 각각 노예제와 봉건제를 의미하지요. 반면 중국사에서는 고대를 원고(遠古, archaic age), 상고(上古, antique age), 중고(中古)로 구별하는데, 각각 원시공동체, 노예제, 봉건제를 의미하고요. 서유럽사에서 중세는 고대와 단절되었던 반면 중국사에서 중고는 상고의 후속 단계였기 때문이지요. 어쨌든 고대사를 대상으로 한 중국사회사 논쟁의 쟁점은 특히 봉건제의 특수성인 반면 현대사에 대한 논쟁인 중국사회성격 논쟁의 쟁점은 자본주의의 특수성이에요.

그런데 혁명 이후 중국에서는 소련사학계를 따라 사회주의혁명의 시대를 현대라고 불렀습니다. 이 때문에 근대와 현대를 구별했던 것인데, 1840년 아편전쟁부터 1919년 5·4운동까지 구민주주의혁명기가 근대였고, 1919년 5·4운동부터 1949년 중화인민공화국 건국까지 신민주주의혁명기가 현대였다는 것이지요. 북한도 비슷했는데, 1866년에 김일성 주석의 증조부 김응우가 지도했다는 제너럴 셔먼호 격침사건(병인양요)부터 근대였고, 김일성 주석 자신이 ㅌ.ㄷ(트드, 타도제국주의동맹)를 결성했다는 1926년부터 현대였거든요.

그러나 소련은 물론이고 중국과 북한에서도 사회주의가 이미 실패했으므로, 더 이상 이런 용어법을 정당화할 수는 없습니다. 실제로 중국사학계에서는 구민주주의혁명기인 근대와 신민주주의혁명기인 현대, 심지어 중화인민공화국 시대인 당대의 구별이 자의적이라는 사실을 점차 인식하고 있는데, 특히 중국사와 세계사의 시대구분이 괴리되어 혼란을 야기하기 때문이지요. 'modern age'로서 근대와 구별되는 현대와 당대는 모두 'contemporary age'라고 할 수밖에 없거든요. 그래서 보통 현대와 당대를 구별하지 않는 것이기도 하고요. 물론 근대와 현대도 구별하지 않고 그냥 'modern age', 즉 자본주의 시대라는 의미에서 현대라고 해야겠지요.

소련과 중국의 한국학에 대한 보론

마지막으로 기광서 교수가 번역한 유리 바닌 등의 『러시아의 한국 연구: 한국 인식의 역사적 발전과 현재적 구조』(풀빛, 1999)를 참고하면서 소련의 한국학에 대해 간단하게 설명해두겠습니다. 정성진 교수 같은 트로츠키주의자가 여전히 러시아혁명과 소련사회주의의 역사적 경험을 폄하하고 있거든요. 트로츠키주의가 아닌 모든 마르크스주의는 스탈린주의라는 것이 그의 지론인데, 역시 '남한 최후의 반공주의자'다운 태도이지요.

소련의 대표적 한국학자는 연해주 출신으로 전석담과 동년배인 미하일 박이었는데, 그는 모스크바대학 한국학과 학과장이었습니다. 미하일 박에 대해서는 박노자 교수의 논문 「러시아 한국학 연구의 과거와 현황」(『정신문화연구』, 1999년 가을)과 대담 「러시아 한국학의 개척자: 미하일 박 교수」(『정신문화연구』, 2002년 가을)를 참고할 수 있지요.

미하일 박은 1950년대 말 1960년대 초 북한에서 사회사 논쟁이 전개된 하나의 계기를 제공했는데, 백남운에 대한 그의 비판은 이청원이나 전석담의 비판과도 구별되는 것이었습니다. 그에 따르면, 한국에는 노예제가 존재하지 않았으므로, 삼국은 노예제가 아니라 미성숙한 봉건제였지요. 봉건제의 미성숙성은 토지국유제 때문이었는데, 고려를 거쳐 조선에서 토지사유제가 발전하면서 봉건제가 성숙했다는 것이에요. 또 그는 '식민지로의 전락은 거의 불가피한 일에 가까웠던 것 같다'고 주장하기도 했고요. 미하일 박의 전공은 통일신라까지였고, 고려·조선은 그의 제자 바닌의 전공이었어요.

미하일 박과 함께 소련한국학을 개척한 사람은 소련과학원동방학연구소의 갈리나 쨔가이, 게오르기 김, 그리고 이미 언급한 파냐 샤브시나였습니다. 샤브시나와 게오르기 김은 『한국통사』(1974)의 출판을 주도했는데, 1917년 러시아혁명 이후의 현대사를 대상으로 한 하권이 1990년에 대야출판사에서 국역된 적이 있지요. 또 현대사상사를 전공한 쨔가이(짜가이)의 『한국 부르조아민족주의 이데올로기 형성: 실학에서 일제강점기[직전]까지』(1983)가 1990년에 인간사에서 국역된 적이 있고요.

소련한국학에서는 물론 현대사가 훨씬 더 중요했습니다. 그리고 현대사의 대표적 주제가 바로 러일전쟁이었고요. 최덕규 박사의 「러일전쟁에 대한 러시아의 역사인식: 러시아 중등교과서를 중심으로」

(『슬라브연구』, 2003년 2호)와 김영수 박사의 「러시아 한국사교재에 나타난 대한제국」(『사회과교육』, 2007년 6월)을 참고하면서 간단하게 설명해보겠어요.

소련에서는 전통적으로 러일전쟁의 성격을 제국주의적이라고 인식해왔는데, 여기서도 역시 레닌의 군봉제국주의 개념이 쟁점이었습니다. 먼저 포크로프스키는 군봉제국주의가 자본주의적 제국주의에 미달한다고 주장했는데, 이번에는 로마노프가 러시아 제국주의의 특수성이 군봉제국주의라고 비판했던 것이지요. 역시 국독자를 단계가 아니라 경향으로 인식했고요. 그러나 최근에는 제국주의적 팽창을 도모한 일본과 달리 러시아는 대한제국의 독립을 지지했다고 주장하는 수정주의가 출현했어요.

쉽게 말해서 러일전쟁은 러시아만의 책임이라는 것이 포크로프스키의 입장이었고 러시아와 일본의 공동책임이라는 것이 로마노프의 입장이었던 반면 일본만의 책임이라는 것이 수정주의의 입장이었다는 것입니다. 쨔가이는 『한국 부르조아민족주의 이데올로기 형성』에서 주로 북한역사학계의 입장을 수용하면서 수정주의의 입장도 채택했지요.

그런데 수정주의의 입장은 한국현대사 전체의 해석과도 관련되는 것입니다. 예를 들어 대표적 수정주의자 쿠르바노프의 최신의 대표적 통사가 『한국사 강의』(2002)인데, 그 논지는 구자정 교수의 「쿠르바노프의 '한국사 강의'를 통해본 러시아의 한국인식과 자기인식」(*e-Eurasia*, 25권, 2010)을 참고할 수 있지요.

쿠르바노프는 역사의 보편적 인과법칙을 폐기하면서 한국사의 특수성에 주목하고 있습니다. 그는 먼저 독립협회를 격하하고 대한제국을 복권시켰지요. 한국의 특수한 조건에서는 오히려 전제군주정이 공화정은 물론이고 입헌군주정보다도 주권을 수호하는 데 우월했기 때문이라는 것이에요.

이런 입장은 물론 이태진 교수의 입장과 친화성이 있는 것입니다. 그런데 쿠르바노프는 대한제국뿐만 아니라 박정희·전두환 정부도 복권시켰어요. 이태진 교수는 『새 한국사』(까치, 2012)의 대상을 '선사시대에서 조선후기까지'로 국한했는데, 현대사를 대상으로 한 후속작에서는 어떤 입장을 제시할지 궁금합니다. 문민화를 지지하면서 박정희·전두환 정부를 복권시키는 것이 쉽지만은 않을 것인데, 그러나 통사의 일관성을 확보하는 것도 중요한 일이거든요.

쿠르바노프는 한국의 특수한 조건에서 현대화를 위한 필연적인 경로가 바로 '한국적 민주주의'였다고 주장합니다. 먼저 미국이 베트남전쟁에서 패배하면서 국제정세가 급변하여 재벌 중심의 중화학공업화가 불가피했고 또 그것을 위해서는 박정희 정부의 유신이 불가피했다는 것이지요. 유신이나 재벌은 나쁘고 중화학공업화는 좋다는 프루동식의 사고에 일격을 가한 셈이에요.

또 전두환 정부는 일련의 개혁을 통해 양적 성장을 질적 성장으로 전환했는데, 그 결과 생활수준의 향상은 물론이고 '정의사회의 구현'도 준비할 수 있었다는 것입니다. 또 대통령단임제를 통해 문민화도 준비할 수 있었다는 것이고요. 쿠르바노프의 이런 입장은 러시아의 새로운 '전제군주' 푸틴을 옹호하기 위한 곡학아세라는 것이 구 교수의 평가인데, 그러나 푸틴은 '21세기를 위한 사회주의자'에게 수여될 '차베스평화상'의 최초 수상자로도 유력하지요.

박정희·전두환 정부의 복권은 한국사회성격 논쟁에서 주목된 바 있는 소련의 대표적 한국경제론자인 수슬리나에 의해 이미 시도된 적이 있습니다. 소련이 붕괴된 직후 『레닌 전집』과 구두 한 켤레를 남한 유학생과 교환한 그녀의 스캔들이 당시 동방학연구소 유학생이었던 전현수 교수의 「모스크바 1992」(『이론』, 1992년 겨울)에 소개되면서 소련학계의 참상이 그대로 드러나기도 했지요.

저처럼 '독점강화-종속심화' 테제를 주장했던 수슬리나는 3저호황을 기화로 이 테제를 폐기했는데, 이것이 당시 이병천 교수와 인민노련(인천민주노동자연맹)의 전향에 결정적 영향을 끼쳤습니다. 그녀는 급기야 한국경제가 포스트산업사회로 진입했다고 선언하기도 했는데, 얄궂게도 남한경제가 붕괴하기 시작한 1997년이었지요. 그

후 그녀의 소식은 알 길이 없고요.

내친 김에 중국의 한국학에 대해서도 간단하게 언급해두겠습니다. 소련과 달리 1992년 한중수교를 전후로, 그것도 연변대 교수진을 중심으로 시작된 중국한국학의 성과는 대단치 않은데, 신형식 교수의 「'조선간사'의 서술방향과 그 문제」(『역사교육』, 55집, 1994)와 조성을 교수의 「현대중국에서의 한국사 연구: 개설서의 시대구분을 중심으로」(『경기사학』, 8집, 2004)를 참고할 수 있지요.

1986년에 연변대에서 출판한 『조선간사(簡史, 간략한 역사)』는 중국사학계의 입장에 따라 단군조선을 부정했고 발해사도 배제했습니다. 또 북한사학계의 입장에 따라 삼국은 봉건제였고, 고려·조선에서 토지국유제 대신 토지사유제가 발전했으며, 17세기 이후 자본주의 맹아가 출현했다고 주장했지요. 그러나 중앙 사학계에서 출판한 『세계역사』는 삼국은 노예제였고 통일신라 이후가 봉건제였다는 백남운의 입장을 지지했는데, 다만 맹아는 인정하지 않았어요.

『조선간사』의 대상은 1986년 초판에서 3·1운동까지였는데, 1997년 재판에서는 해방정국까지 연장했습니다. 또 한중국교정상화에 따라 민족해방운동의 서술에 임시정부도 포함했고요. 한국전쟁 이후의 역사는 통사의 대상에서 제외했는데, 내심으로는 박정희 정부를 복권시켰겠지요. 이미 지적한 것처럼, 중국사학계는 개혁·개방 이후 결국 장개석 정부를 복권시켰는데, 처음에는 박정희 정부의 복권이라는 우회로를 선택했었거든요.

질의와 응답

노블레스 오블리주

— 독일의 불행에 대해 좀 더 설명해주세요.

— 독일의 불행이라는 표현은 독일사의 보편성과 특수성에 대한 논쟁과 관련되는 것입니다. 먼저 특수성보다는 오히려 보편성의 관점에서 독일사를 인식한 자유주의자나 사회주의자는 부르주아 혁명의 실패에 주목하면서 독일의 불행이라고 불렀는데, 그 대표자가 바로 하이네와 엥겔스였지요.

하이네와 엥겔스에 대해 간단하게 설명해보겠습니다. 좀 더 자세한 설명은 Warren Breckman, "Diagnosing the 'German Misery': Radicalism and the Problem of National Character, 1830 to 1848" (in David Barclay and Eric Weits, eds., *Between Reform and Revolution: German Socialism and Communism from 1840 to 1990*, Berghahn Books, 1998)과 관련 문헌을 참고하세요.

먼저 하이네는 부르주아 혁명에 실패한 독일의 민족성을 비판했습니다. '독일인의 훌륭함'(deutsche Größe), 즉 프랑스인처럼 세계사적 보편성을 구현하여 부르주아 혁명을 수행할 수 있는 능력을 가

진 독일인의 민족적 장점에 주목한 실러와 달리 오히려 '독일인의 하찮음'(deutsche Misere), 즉 프랑스인과 달리 그런 능력을 갖지 못한 독일인의 민족적 단점에 주목해야 한다는 것이었지요. 따라서 독일의 불행은 독일인의 그런 결함으로 인한 부르주아 혁명의 실패를 강조하는 의역인 셈이에요.

실러와 하이네의 논쟁은 헤겔과 청년헤겔파의 논쟁으로 발전했습니다. 헤겔은 프랑스의 정치적 혁명과 독일의 종교적 혁명(루터), 나아가 철학적 혁명(칸트)의 평행성에 주목했지요. 반면 청년헤겔파는 종교 비판(슈트라우스-포이어바흐)에서 출발하여 철학 비판(마르크스)에 도달했던 것이고요.

청년헤겔파로서 엥겔스는 물론 실러가 아니라 하이네에 동조했습니다. 그래서 독일인은 '세계사의 속물'일 따름이라고 주장했던 것이지요. 속물은 'Philister'의 번역인데, '사적 이익에만 관심을 갖고 공적 활동에는 무관심한 사람'을 의미합니다. 즉 시민(Staatsbürger)이 되지 못한 신민(Spießbürger, 스파르테(스파르타)의 창보병시민)이라는 것이었어요. 유가식으로 말하자면, 군자(君子, 큰 사람)가 되지 못한 소인(小人, 작은 사람)이겠지요.

물론 엥겔스의 입장은 계속 발전했습니다. 특히 마르크스가 철학 비판, 특히 법·정치철학 비판에서 시작하여 경제학 비판으로 전진하면서 독일의 불행이 부르주아 혁명의 실패와 동시에 산업혁명의 실패로 더욱 구체화되었거든요. 아울러 말년의 엥겔스가 여전히 민족성의 '보편적 전형'(allgemeiner Typus), 달리 말해서 '표준'(Muster) 개념을 견지했다는 사실도 지적해두겠어요.

그런데 바로 이 대목에서 비스마르크부터 히틀러까지 보수주의자의 반론이 제기되었던 것입니다. 부르주아 혁명 없이도 산업혁명에 성공하여 프랑스는 물론이고 심지어 영국까지 추월할 수 있다고 주장했던 것이지요. 코카(Jürgen Kocka)의 "Asymmetrical Historical Comparison: The Case of the German *Sonderweg*" (*History and Theory*, Feb. 1999)를 참고하세요.

코카에 따르면, 'Sonderweg'는 영국·프랑스와도 다르고 러시아와도 다른 '제3의 길'로서 코퍼러티즘이라는 독일의 특징을 의미했습니다. 보편성으로 포섭되지 않고 오히려 보편성을 거부하는 특수성이므로, 영어로는 특이성을 의미하는 'singularity'나 'peculiarity'로 직역되거나, 때로는 이례성을 의미하는 'exceptionalism'으로 의역되기도 하지요.

독일의 'Sonderweg'를 둘러싼 논쟁은 2차 세계전쟁 이후 서독의 '경제기적'을 둘러싼 논쟁으로 발전했습니다. 둠케(Rolf Dumke)의 "Reassesing the *Wirtschaftswunder*: Reconstruction and Postwar Growth in West Germany in an International Context" (*Oxford Bulletin of Economics and Statistics*, Nov. 1990)와 틸리(Richard Tilly)의 "German Economic History and Cliometrics: A Selective Survey of Recent Tendencies" (*European Review of Economic History*, Aug. 2001)를 참고할 수 있지요.

간단하게 설명해보면, 서독의 경제학자 야노시(Franz Jánossy)는 경제기적이 아니라 경제재건이라는 관점에서 코퍼러티즘이라는 제도적 연속성에 주목했는데, 바로 이것이 포스트파시즘적인 '사회적 시장경제론'이었습니다. 반면 미국의 경제학자 올슨(Mancur Olson)과 아이켄그린(Barry Eichengreen)은 경제재건이 아니라 경제기적이라는 관점에서 국내외의 자유주의적 제도개혁을 강조했고요.

그러나 올슨-아이켄그린의 입장도 여전히 불충분한 것이었습니다. 『한국자본주의의 역사』에서도 소개한 쿠마르(Subodh Kumar)와 러셀(R. Robert Russell)에 따르면, 1990년 서독경제가 1965년 미국경제의 추격에는 성공했으나 1990년 미국경제의 추격에는 실패했거든요. 일본경제의 경우도 역시 마찬가지였고요.

따라서 전후 서독이나 일본의 경제기적에는 한계가 있었다고 할 수 있습니다. 1차 산업혁명을 통해 네덜란드를 추격·추월한 영국이나 2차 산업혁명을 통해 영국을 추격·추월한 미국의 경제기적과 동일한 의미는 아니었기 때문이지요. 앨런(Robert Allen)의 "American

Exceptionalism as a Problem in Global History" (*Journal of Economic History*, June 2014)를 참고하세요.

역사동역학을 부정하고 계급투쟁만 강조한 의지주의적 마르크스주의라는 의미에서 브레너(Robert Brenner)와 우드(Ellen Meiksins Wood)의 '정치적 마르크스주의'(political Marxism, 부아(Guy Bois))는 'Sonderweg' 개념 자체를 보편화하기도 했다는 사실을 지적해두겠습니다. 올해 초에 사망한 우드의 "Britain versus France: How Many *Sonderwegs*?" (2007; *Historical Materialism*, Spring 2016)를 참고하세요.

우드의 입장은 독일뿐만 아니라 또한 영국·프랑스도 'Sonderweg'였다는 것인데, 이것은 독일 68세대의 포스트마르크스주의와 본질적으로 동일한 주장이었습니다. 여기서 정치적 마르크스주의와 포스트마르크스주의가 인민주의를 공유했다는 사실에 주목할 수 있지요. 다만 전자는 노동자주의적 경향이었고 후자는 코퍼러티즘적 경향이었다는 차이가 있었지만요.

— 그런데 쿠마르와 러셀처럼, 1인당 국민소득만으로 경제의 서열을 규정할 수 있을까요?

— 일리 있는 반론입니다. 그래서 미국의 '정치경제론자'(political economist) 알레시나(Alberto Alesina)와 스폴라오레(Enrico Spolaore)가 *The Size of Nations* (MIT Press, 2003)에서 1인당 국민소득으로 측정되는 민부(wealth of nations)와 더불어 민족의 규모, 나아가 제도로서 국경도 고려해야 한다고 주장했던 것이지요. 민족의 규모, 즉 인구의 크기에는 편익도 있고 비용도 있는데, 편익은 사회간접자본·교육은 물론이고 치안·국방까지 포함한 넓은 의미의 공공재 공급에서 규모의 경제로 인해 개인적 부담이 감소한다는 의미인 반면 비용은 개인간 이질성의 증가로 인해 사회적 통합의 곤란성이 증가한다는 의미이지요.

작년 광복절 70주년 경축사에서 박근혜 대통령이 언급한 이른바

'30-50 클럽'도 이런 맥락에서 이해할 수 있습니다. 저널리즘에서 선진국의 기준으로 거론되는 30-50 클럽에서 30은 1인당 국민소득 3만(30 thousand) 달러라는 의미이고 50은 인구 5천만(50 million) 명이라는 의미이지요. 1992년 일본(2013년 현재 46-127)과 1996년 미국(54-320)이 30-50 클럽에 진입한 다음, 2004년 독일(46-83)·프랑스(42-64)·영국(39-63)과 2005년 이탈리아(34-61)가 30-50 클럽에 진입했지요. 박 대통령의 희망과는 달리 남한은 진입에 실패했는데, 2015년에도 여전히 27-52였거든요.

— 노블레스 오블리주는 정확히 무슨 의미인가요?

— 불어로 'Noblesse oblige'는 '귀족이라는 신분은 그것에 상응하는 책임이 있다', 달리 말해서 '특혜는 책임을 수반한다'는 의미인데, 그 기원은 로마의 공화정, 즉 귀족정으로 소급하는 것입니다. 그러나 위키피디아에 따르면, 자전소설 『골짜기의 백합』에서 발자크는 '행동의 규범'이라는 의미로 사용하기도 했지요. 따라서 처변삼사와 노블레스 오블리주가 상통한다고 할 수 있는 것이에요.

2000년대 초 『중앙일보』의 칼럼을 통해 노블레스 오블리주라는 용어를 대중화시킨 사람은 보수주의적 정치사회학자 송복 교수였습니다. 군사정부의 산업화에 후속한 문민정부의 민주화가 결국 실패했다는 것이 그의 지론인데, 최근에 자신의 주장을 집대성하여 『특혜와 책임: 한국 상층의 노블레스 오블리주』(가디언, 2016)를 출판했지요. 그는 결국 '기업은 이류, 행정은 삼류, 정치는 사류'라는 1995년 이건희 회장의 발언을 정당화하려고 시도하는 셈이에요.

송 교수는 남한의 상층을 자수성가한 '벼락부자'(new-rich, 대기업가)와 역시 자수성가한 '벼락감투'(new-high, 고위행정가·정치가)로 구별하면서 전자보다는 오히려 후자가 노블레스 오블리주를 망각한 '천민적 상층'을 대표한다고 주장합니다. 김대중-노무현 정부부터 천민적 상층이 확대재생산된 것은 386세대가 권력의 핵심으로 진입했기 때문인데, 하향평준화세대인 그들의 출세는 능력이 아니라 행운 덕분이었지요. 또 이렇게 능력주의(meritocracy)가 소멸하면서 결과에 승복하지 않는 세태가 보편화되었던 것이고요.

그런데 경남 김해 출신인 송복 교수는 신라에도 유럽을 능가한 노블레스 오블리주가 있었다고 주장하고 있습니다. 고구려와 백제가 아니라 신라가 삼국을 통일할 수 있었던 것은 바로 이 때문이었다는 것이고요. 그런데 이런 주장은 사실 신라와 달리 조선에는 노블레스 오블리주가 없었다고 주장하기 위한 복선일 따름입니다. 그는 새삼 식민사관의 당쟁망국론을 부활시키면서 기호사림을 폄하하고 있거든요. 반면 영남사림을 존숭하면서 경세학 대신 수양학의 부활을 시도하는데, 그의 사표가 바로 유성룡이에요.

— 안중근도 노블레스 오블리주를 실천한 것인가요?

— 아동용과 성인용을 아울러 가장 많은 전기가 출판된 경우가 안중근이었는데, 대부분 위인전이었습니다. 1970년대부터 연구가 시작된 남한에서 해방 이전에는 비판적이었던 가톨릭이 선구적인 역할을 했다는 사실에 주목할 필요가 있지요. 안중근과 그 후예인 김구·김원봉 같은 테러리스트의 복권을 시도한 동기는 가톨릭처럼 자신의 친일 전력을 호도하기 위해 대중을 현혹시키는 것이었는데, 역시 해방정국에서 윤치호가 지적했던 그대로라고 할 수 있어요.

그러나 안중근이 이토를 암살한 100주년인 2009년을 전후로 비판적 연구도 출현했습니다. 그 결과 이 사건이 노블레스 오블리주와는 아무런 상관도 없다는 사실을 알 수 있게 되었고요. 신운용 박사의 「안중근 연구의 현황과 쟁점」(『역사문화연구』, 45집, 2013), 「안중근 가문의 천주교 수용과 향촌사회」(『남북문화예술연구』, 8호, 2011)와 관련 논문을 참고하면서 설명해보겠어요.

안중근(1879-1909)은 황해도 해주 출신으로 순흥 안씨였습니다. 향리·무인 출신의 중인 집안이었는데, 조부 안인수가 농업 이외에도 상업·어업으로 축재한 신흥부자였지요. 그런 가산을 기반으로 부친 안태훈은 포수 위주의 사병을 양성했는데, 안중근도 포수 지망생이었어요. 평소 항우를 존경하던 안중근은 남자는 이름 석 자만 쓸 줄 알면 된다면서 학문에는 별로 관심이 없었지요.

동학농민전쟁에서 안태훈은 안중근과 함께 사병을 동원하여 동학군을 진압했습니다. 그런데 그 와중에 노획한 군량미를 유용하여 문제가 발생했고, 안태훈은 그 문제를 해결하기 위해 명동성당으로 피신하여 평소 호감을 가져오던 가톨릭에 입교했지요. 또 그의 영향으로 집안이 모두 가톨릭교도로 개종했고요.

1897-1903년에 안태훈과 안중근은 프랑스인 신부 빌렘의 비호 아래 해주 일대를 장악하려고 시도했습니다. 안 부자야말로 '서양선교사의 세력을 빙자한'(洋大人藉勢) 전형적 사례였지요. 물론 개신교에 비해 교세가 취약했던 가톨릭이 안 부자를 이용했다고도 할 수 있는데, 당시 황해도 일대가 가톨릭 선교의 중심지였거든요.

어쨌든 안중근 일가로 인해 황해도반기독교운동(海西仇教)이 발생했습니다. 반기독교운동을 개시한 동학농민전쟁의 여파로 해석할 수 있는 이 운동 때문에 가톨릭 교세가 다시 위축되었고, 안씨 일가의 세력도 약화되었지요. 이것이 결국 안씨 일가가 해외로 이주하고 빌렘 신부도 본국으로 소환된 계기였어요.

그런데 해외로 이주한 안중근이 이토를 암살하게 된 것은 아시아연대론을 믿고 러일전쟁에서 중국과 함께 한국이 일본에 협력했으나 승전 이후 일본이 한국과 중국을 배반했다는 판단 때문이었다고 합니다. 그래서 그 대안으로 자신의 동양평화론을 제시했던 것인데, 한국사학계 일각에서는 '경제학적 문맹'을 자랑이라도 하듯이 유럽연합구상을 선취했다는 허무맹랑한 주장도 제기되고 있어요.

그러나 안중근의 기질로 보아 이토를 암살해야 할 무슨 대단한 사상적 이유가 있었던 것은 아닐 것입니다. 그냥 테러였을 따름인데, 동학군이었다는 설이 있는 김구가 가톨릭교도인 동년배 안중근과 테러리즘에서 공감했다는 것이 그 방증이라고 할 수 있지요. 또 안중근의 후배인 김원봉이 신채호의 아나키즘에 공감하다가 곧 폐기한 것도 그 방증이라고 할 수 있고요. 테러리스트에게 무슨 사상이 있을 까닭이 없거든요.

안중근이 친러·반일 성향을 갖게 된 것은 빌렘 신부의 영향 때문이었다는 설이 유력합니다. 다만 빌렘 신부를 비롯한 가톨릭선교사가 주장한 정교분리에는 반대하여 이토의 암살을 감행했던 것이에요. 하기야 그의 집안이 가톨릭으로 개종한 것 자체가 정치적 이유였다고 강변할 수도 있거든요. 이토 암살 직후 빌렘 신부가 안중근의 기질적 결함을 거론했다는 사실도 지적해두겠어요.

북한에서는 김일성 주석의 무장투쟁을 중심으로 현대사를 서술하는 주체사관이 출현한 다음부터 안중근을 재평가하기 시작했습니다. 단순한 테러가 아니라 무장투쟁이었다는 것인데, 다만 수령의 영도를 받지 못한 한계가 있었다는 것이에요. 윤경섭 박사의 「북한의 안중근 인식 변화와 재평가과정」(『동북아연구』(조선대), 2014년 1호)을 참고하세요.

그러나 여전히 남는 쟁점이 많습니다. 한국사학계는 일본사학계의 연구성과를 무시하고 있는데, 특히 이토파와 야마가타파의 갈등까지 고려할 필요는 없다는 입장이 통설이지요. 그런 입장에 따르면, 예를 들어 힐러리든 트럼프든 누가 미국의 대통령이 되어도 상관없겠지요. 한철호 교수의 「일본학계의 안중근 연구 쟁점과 과제」(『한국근현대사연구』, 2012년 여름)를 참고하세요.

이토파의 경쟁자인 야마가타파에 의한 음모라는 쟁점이 여전히 제기되고 있다는 사실에 주목할 필요가 있습니다. 특별허가증을 발급하려던 러시아당국의 방침에 반대하여 하얼빈 주재 일본영사관이 자유통과를 요구했고, 그 결과 안중근이 총기를 소지하고 이토에게 접근할 수 있었기 때문이지요. 물론 관동도독부가 안중근의 재판을 관할했다는 사실에도 주목할 필요가 있고요.

1974년에 재일교포 문세광이 영부인 육영수를 암살한 것이 실은 박정희 대통령에 의한 음모였다는 쟁점과 아주 비슷하다고 할 수 있습니다. 곽진오 교수의 「육영수의 죽음과 한일간의 갈등: 갈등구조 극복 한계를 중심으로」(『한일관계사연구』, 16집, 2002)와 이완범 교수의 「김대중 납치사건과 박정희 저격사건」(『역사비평』, 2007년 가을)을 참고하세요. 또 「문세광, 육영수 저격사건의 5대 의혹」(『월간 길』, 1993년 5월)과 「육영수 여사 피살 '5대 미스터리'」(『프레시안』, 2005년 2월 14일)도 참고할 수 있고요.

이토파와 야마가타파의 갈등에 대해서는 앞에서 다이쇼 데모크라시와 관련하여 이미 설명했습니다. 여기서는 이토파의 보호론과 야마가타파의 강제병합론의 차이에 대한 설명만 보충하겠어요. 보호론과 강제병합론을 점진병합론과 급진병합론이라고 부르기도 하는데, 그럴 경우 보호령은 독립국에서 식민지로 전락하는 과도기로서 반(半)식민지라는 의미이지요. 그러나 과정적 개념으로서 반식민지와 구조적 개념으로서 보호령은 구별할 필요가 있어요.

보호령(protectorate)과 자치령(dominion)은 완전식민지에 대립되는 개념입니다. 말하자면 식민지적 종속에도 차이가 있다는 것인데, 독립국에 가까운 자치령과 완전식민지 사이의 중간적 형태가 보호령이라는 것이지요. 예를 들어, 영국식민지의 경우 캐나다는 자치령, 이집트는 보호령, 인도는 완전식민지였어요. 식민지적 종속과 마찬가지로 반식민지적 종속에도 물론 유사한 차이가 있겠고요.

조선의 경우 보호령과 완전식민지의 가장 중요한 차이는 문관으로서 통감과 무관으로서 총독의 차이였습니다. 쉽게 말해서 보호령은 문민통치였고 완전식민지는 무단통치였다는 것이지요. 총독부의 문화통치가 무단통치와 본질적으로 동일했다는 비판은 무단통치를 개선하면서도 역시 문민통치에는 미달했기 때문이에요. 이 점에서 조선은 대만과도 달랐는데, 1차 세계전쟁이 종료한 1919년부터 중일전쟁이 발발하기 직전인 1936년까지 대만의 총독은 조선과 달리 모두 문관이었거든요.

이토에 대한 소개논문으로는 함동주 교수의 「이토 히로부미」(『역사비평』, 1997년 겨울), 서민교 박사의 「이토 히로부미는 왜 러일전쟁 개전을 반대했던가」(『내일을 여는 역사』, 2006년 봄), 허동현 교수의 「통감부시기(1906-10)를 어떻게 볼 것인가?」(『한국독립운동사

연구』, 27집, 2006)를 참고할 수 있습니다. 또 마쓰다(松田利彦) 교수의 「일본에서의 한국'병합'과정을 둘러싼 연구: 논점과 경향」(『한국근현대사연구』, 2011년 봄)도 참고할 수 있고요.

지식인의 지역적 차이

— 서북·기호·영남 같은 지역의 명칭에 대해 정리해주세요.

— 백두산에서 철령과 태백산을 거쳐 지리산에 이르는 '한반도의 등뼈'를 백두대간이라고 부릅니다. 백두산에서 철령까지는 먼저 함경도를 남북으로 나누는 마천령산맥이 있고, 이어서 동서로 가로지르는 함경산맥이 있으며, 마지막으로 함경도와 평안도의 경계인 낭림산맥이 있지요. 마천령산맥·함경산맥·낭림산맥이 둘러싼 곳이 바로 개마고원이고요.

철령관을 기준으로 이북인 함경도를 관북이라고 부르고, 이서인 평안도를 관서라고 부르며, 이동인 강원도를 관동이라고 부릅니다. 이 세 지방 중에서 특히 관서와 관북은 고려와 조선의 변경이었는데, 그래서 서북이라고 합쳐 부르기도 하는 것이지요. 물론 함경도를 동북이라고 부르고 평안도를 서북이라고 부르기도 했어요. 그러나 서북청년회에서 서북은 관서와 관북을 합쳐 부른 것이지요. 어쨌든 토지가 척박한 서북에서는 농업이 낙후되었는데, 18세기까지 대동강 유역에서조차 논농사가 별로 없었거든요.

황해도는 멸악산맥을 경계로 남북으로 나뉘는데, 재령을 중심으로 하는 황북과 달리 해주를 중심으로 하는 황남은 경기도와 친화성이 있습니다. 또 황북을 평안도와 함께 황평이라고 부르기도 하는 것이고요. 강원도는 대관령을 경계로 동서로 나뉘는데, 강릉을 중심으로 하는 영동과 달리 원주와 춘천을 중심으로 하는 영서는 경기도와 친화성을 갖지요. 영동은 물론 관동과 같은 의미이고요.

철령 이남으로 금강산·설악산·오대산을 거쳐 태백산까지가 태백산맥이고, 소백산부터 지리산까지가 소백산맥입니다. 지리산 끝이 여수반도이고요. 소백산맥이 기호지방과 영남지방의 경계인데, 영남은 삼국시대에 개척한 소백산 죽령이나 여말선초에 개척한 월악산 조령의 이남이라는 의미이지요. 또 낙동강을 경계로 영남좌도와 우도를 구별하고요. 기호는 경기(京畿, 서울 근처), 호서(湖西, 진흥왕이 6세기에 건설한 의림지 이서), 호남(湖南, 근초고왕의 부친인 비류왕이 4세기에 건설한 벽골제 이남)을 의미하지요. 본래 기호지방은 마한의 근거지였고, 영남좌도는 진한의 근거지였으며, 영남우도는 변한의 근거지였어요.

경주와 안동에서 죽령을 넘거나 대구와 상주에서 조령을 넘어 충주로 가는데, 거기서 남한강의 수로를 이용하여 서울로 갈 수 있기 때문입니다. 남한강이 태백산에서 발원하는 한강의 본류이고 금강산에서 발원하는 북한강은 한강의 제1지류이지요. 그러나 철도에 이은 자동차의 출현으로 육로의 이용이 편리해진 현대에 와서는 죽령과 조령이 쇠퇴했는데, 예를 들어 김천에서 추풍령(소백산맥과 노령산맥의 분기점)을 넘어 대전으로 가는 것이 경부고속도로이거든요.

— 그런데 지식인의 지역적 차이는 왜 발생한 것일까요?

— 지역사 연구는 아직 초창기인데, 그나마 조선시대의 지역사에 대한 연구가 활발합니다. 오수창 교수의 「조선후기 경상도·평안도 지역차별의 비교」(『역사비평』, 2002년 여름)와 「조선시대 지역사 인식의 지역적 성격」(『인문학 연구』(한림대), 10집, 2003)을 참고하세요. 나아가 김상태 교수의 「근현대 지역갈등의 양상과 그 추이」(『인문학 연구』(한림대), 10집, 2003)도 참고할 수 있고요.

지식인의 지역적 차이라는 관점에서 조선시대 지역사에 대해 간단하게 설명해보면, 여말선초에 논농사가 발전하여 사림파의 근거지가 되었던 곳은 기호지방이 아니라 영남지방, 특히 상주 이남의 선산이었습니다. 『택리지』(擇里志, 살 만한 마을을 고르는 책)에서 이중환이 인용한 '조선 인재의 절반은 영남에 있고, 영남 인재의 절반은 선산에 있다'(朝鮮人才半在嶺南, 嶺南人才半在一善)는 김종직의 말은 이런 의미였지요. 정몽주의 제자인 길재가 고향인 선산으로 돌아와 김숙자를 비롯한 제자를 길렀고, 그 후예가 선산에서 영남 각지로 확산되었거든요. 예를 들어 김숙자의 아들이자 제자인 김종직은 외가가 있는 밀양에서 활동했어요.

정몽주의 후예인 사림파는 물론 기호지방으로도 확산되었습니다. 김종직의 제자 김굉필은 서울에서 활동했고, 김굉필의 제자 조광조는 경기도에서 활동했지요. 그러나 정여립과 정철 이후 호남에서는 사림파가 쇠퇴했는데, 그 후 호남사림은 학문이 아니라 문예를 중시했어요. 또 유성룡과 정인홍 이후 영남에서도 사림파가 쇠퇴했는데, 그 후 영남사림은 향촌지배에 몰두하여 경세학이 아니라 수양학을 중시했고요. 그 결과 사림파의 중심지는 서울·경기도와 충청도, 즉 기청지방이 되었지요.

이수건 교수는 영남지방을 본관으로 한 가문 중 유일하게 해평 윤씨만이 아무런 재지 기반도 남겨두지 않은 채 기청지방으로 이주했다면서 아쉬워한 적이 있습니다. 사실 해평 윤씨는 일선 김씨와 함께 선산을 대표하던 양대 가문이었어요. 고려 개국공신이었던 일선 김씨로는 김숙자·김종직과 그의 후손으로 동서분당의 단서를 제공한 김효원이 있었지요. 김성우 교수의 「15,16세기 사족층의 고향 인식과 거주지 선택전략: 경상도 선산을 중심으로」(『역사학보』, 198집, 2008)를 참고하세요.

영남사림의 쇠퇴를 상징하는 것이 바로 향촌지배를 둘러싸고 19세기에 폭발하여 아직도 해결되지 못한 농퇴·문순·병호시비라는 3대 시비인데, 일찍이 이수건 교수는 그 '심각하고 추잡한 양상'에 대해 개탄한 바 있습니다. 농퇴시비는 농암 이현보가 퇴계 이황의 스승인가가 쟁점이고, 문순시비는 이황의 제자 김부필이 스승과 동일한 문순(文純)이라는 시호를 받은 것이 타당한가가 쟁점이지요.

물론 3대 시비 중에서 최대의 시비는 병호시비입니다. 설석규 교수의 「퇴계학파의 분화와 병호시비 (I): 병파·호파의 세계관 형성과 분화」(김종석 외, 『한국사상의 재조명』, 한국학진흥원, 2007)와 「퇴계학파의 분화와 병호시비 (II): 여강(호계)서원 치폐 전말」(『퇴계학과 한국문화』, 45호, 2009)을 참고하세요. 또 한상우 씨의 「조선후기 향전을 통해 본 양반층의 친족·혼인: 안동의 병호시비를 중심으로」(『대동문화연구』, 81집, 2013)도 참고할 수 있고요.

유성룡의 제자가 주도한 병산서원과 김성일의 제자가 주도한 호계서원의 갈등이 병호시비의 발단인데, 누가 이황의 수제자인가가 쟁점입니다. 관직으로는 유성룡이라고 할 수 있고, 학문으로는 김성일이라고 할 수 있거든요. 김성일과 달리 제자가 거의 없었던 유성룡의 학문은 사실 가학(家學)이었을 따름이에요.

3대 시비 중에서도 특히 병호시비는 안동을 넘어 영남사림 전체가 연루되어온 논쟁입니다. 중립을 지키려던 퇴계의 종손에게 '양반도 아니고 상놈도 아닌가'(非班非常)라는 힐난이 제기되었을 정도이지요. 숙종의 환국정치와 영·정조의 탕평정치에서 기호남인을 보조하면서 호계서원측이 약진한 반면 흥선대원군의 집권 이후에는 오히려 병산서원측이 득세하여 호계서원의 철폐를 묵종했지요. 그래서 안동에 도산서원과 함께 병산서원만 남게 된 것이에요.

영남사림의 시비 중 태사묘의 서차(序次)시비라는 것도 있습니다. 고려의 건국공신 3태사인 안동 권씨, 안동 김씨, 안동 장씨의 시조를 모신 태사묘에서 안동 권씨 시조와 안동 김씨 시조 중 누구의 위패가 먼저인가가 쟁점이었지요. 이 안동 김씨가 19세기 외척세도정치를 주도한 안동 김씨로 보통 신(新)안동 김씨라고 불렀는데, 김상헌과 김옥균·김좌진이 유명했지요. 반면 구(舊)안동 김씨는 경순왕의 후손으로 김자점과 김구가 유명했고요.

기호남인 이중환은 『택리지』에서 팔도의 인심과 풍속을 평가하면서 평안도가 가장 좋아 '두텁고'(醇厚) 경상도가 그 다음으로 '꾸밈이 없다'(質實)고 칭찬한 바 있습니다. 반면 경기도는 '메말랐고'(彫弊) 충청도는 '약삭빠르다'(趨勢利)고 비판했고요. 이런 차이는 경제사정과 관련된 것인데, 경기도와 충청도에 비해 경상도의 토지생산성이 높아 농업이 발전했고 평안도는 농업 대신 상업이 발전했기 때문이에요. 경상도와 마찬가지로 농업이 발전한 전라도의 인심과 풍속이 '비뚤어진'(狡險) 것은 경상도는 중소지주가 지배한 반면 전라도는 대지주가 지배했기 때문이었다고 할 수 있겠고요.

그런데 이중환도 강조한 것처럼, 이런 평가는 서민의 경우이고 선비에게 해당하는 것은 아니었습니다. 공자의 말씀처럼 '꾸밈과 바탕이 어울려 빛나야'(文質彬彬) 군자라고 할 수 있는데, 경상도·전라도와 평안도의 선비는 서민과 별로 다르지 않았거든요. 그래서 '어둡다'(貿貿, 瞀瞀)는 비판이 제기되기도 했던 것인데, 예를 들어 꾸밈이 없었다는 것은 결국 학문과 교양이 없었다는 의미이지요.

한영우 교수는 기청 선비는 옷을 중시한 반면 호남 선비는 밥을 중시했고 영남 선비는 집을 중시했다고 언급한 적이 있습니다. 전주의 먹을거리는 정말 대단하여 요즘은 수십 첩의 반상이 대중화되었을 정도이지요. 또 안동에서는 500년은 되어야 고택이라고 불리는데, 예를 들어 임진왜란에서 기호의병이 국토를 방위한 근왕병이었던 반면 영남의병은 향토를 방위한 민병대였던 덕분이겠지요.

그러나 밥이나 집에 신경을 쓴 선비가 제대로 된 선비일 수는 없었습니다. 명황조 유신 왕부지는 원시·야만·문명, 즉 금수·소인·군자를 구별하여 금수가 '바탕을 갖추면'(全其質) 소인이 되고 소인이 '꾸밈을 갖추면'(備其文) 군자가 된다고 했는데, 꾸밈은 물론 밥이나 집이 아니라 옷이었어요. 그래서 의식주라고 했던 것이고요.

이런 평가는 결국 공자의 안빈낙도(安貧樂道, 가난을 걱정하지 않고 학문을 즐긴다) 사상으로 소급하는 것이었습니다. 『논어』에서 공자는 수제자 안회를 가리켜 이렇게 말했지요.

> 한 그릇의 밥을 먹고, 한 바가지의 물을 마시며, 작은 집에 살더라도,(…) [학문의] 즐거움을 바꾸지 않는다.
>
> 一簞食, 一瓢飮, 在陋巷,(…)不改其樂.

또 자신을 가리켜 이렇게 말했고요.

> 거친 밥을 먹으며 물만 마시고, 팔을 베고 누웠더라도, 그런 중에 [학문의] 즐거움이 있다.
>
> 飯疏食飮水, 曲肱而枕之, 樂亦在其中矣.

— 이태진 교수는 왜 정조와 고종을 복권시키려고 시도했나요?

— 『한국자본주의의 역사』에서 소개한 것처럼, 문민화의 분위기에 편승했기 때문이라는 것이 한국사학계의 중론입니다. 나아가 외계충격설 내지 자연재난설이라는 새로운 역사이론을 제기하면서 자신이 주장해온 조선중기론을 폐기한 결과로 해석할 수도 있고요. 조선중기론은 16-17세기가 조선의 전성기라는 주장이었거든요.

그런데 이태진 교수의 사관이 이렇게 표변한 것은 그의 집안 내력과도 무관한 것이 아닐 것 같습니다. 그는 영천(寧川, 전북 남원) 이씨인데, 위키피디아에 따르면, 두문동에 은거한 이탕휴의 후손이라고 하지요. 조선왕조에는 출사하지 말라는 것이 이탕휴의 유언이었다는데, 어쨌든 영천 이씨 중 문과급제자는 단 한 사람도 없어요. 현대에 와서도 유명인사가 거의 없어서 이태진 교수를 제외하면 이에리사 선수 정도가 있을 따름이고요.

이태진 교수는 요즘 사드 배치로 시끄러운 경북 성주 출신인데, 그러나 1951년에 포항으로 피난해 그 곳에서 성장했습니다. 그의 회고담을 보면, 포항에서 민중을 발견했다고 주장하고 있어요. 이기백 교수가 '평안도 상놈' 출신이라고 자랑한 것처럼, 그도 '경상도 상놈' 출신이라고 자랑하고 싶은 것 같아요. 하기야 그는 이기백 교수가 주도한 『한국사시민강좌』에도 참여했거든요.

— 조선중기론에 대해 좀 더 설명해주세요.

— 조선중기론은 결국 16-17세기가 조선의 전성기였다는 주장입니다. 이태진 교수가 조선중기론을 포기한 반면 그의 제자격인 김성우 교수는 여전히 조선중기론을 견지하고 있는데, 「연속된 두 시기

로서의 16·17세기: '조선중기론'의 입장에서」(『내일을 여는 역사』, 2006년 여름), 「16세기의 사림파, 진보세력이었던가?」(『한국사시민강좌』, 33집, 2003), 「전쟁과 번영: 17세기 조선을 바라보는 또 다른 관점」(『역사비평』, 2014년 여름) 등에서 그의 논지를 알 수 있지요. 또 「'조선중기'를 바라보는 두 개의 시선: 한국과 미국의 역사학계 비교」(『한국사연구』, 143집, 2008)도 참고할 수 있고요.

조선전후기론은 조선전기의 핵심이 창업기인 15세기였고 조선후기의 핵심이 개혁기인 18세기였다는 주장입니다. 또 16세기는 15세기의 활력이 쇠퇴하던 시기였고 17세기는 18세기의 개혁을 요구한 시폐(時弊, 그 시대의 폐습·폐단)가 축적되던 시기였다는 주장이고요. 이렇게 15·18세기에 비해 16·17세기를 격하하는 것이 조선전후기론의 논지였지요.

그런데 김성우 교수도 이태진 교수처럼 동인 편향적이라는 사실에 주목할 수 있습니다. 동서분당을 설명하면서 그는 동인이 송명유학에 따라 민간주도적 사회경제론을 제시한 반면 서인이 한당유학에 따라 국가주도적 사회경제론을 제시했다고 해석했지요. 그러나 한영우·이수건 교수가 비판한 것처럼, 동인의 핵심인 영남사림은 수양학적 교민(教民, 백성의 교화)에 치중한 반면 서인의 핵심인 기호사림은 경세학적 양민(養民, 백성의 부양)에 치중했다고 해석하는 것이 오히려 타당하겠지요. 수양학적 교민과 경세학적 양민은 물론 구준과 이이의 핵심 개념이었고요. 좀 더 자세한 설명은 『봉건제론』을 참고하세요.

— 봉건적 선비처럼 현대적 지식인에게서도 지역적 차이가 발견될 수 있을까요?

— 현대적 지식인에 대한 연구는 일제강점기의 일본유학생과 미국유학생에 대한 연구가 있습니다. 먼저 일본유학생에 대해서는 박찬승 교수의 「식민지시기 도일유학과 유학생의 민족운동」(한림대학교아시아문화연구소 엮음, 『아시아의 근대화와 대학의 역할』, 한림

대학교출판부, 2000), 「식민지시기 도일유학생과 근대지식의 수용」(한국사회사학회 엮음, 『지식변동의 사회사』, 문학과지성사, 2003)과 관련 논문을 참고할 수 있지요.

최초의 일본유학생은 1881년의 신사유람단(紳士遊覽團)과 관련되었는데, 이것은 윤치호가 붙인 별명이고 정식 명칭은 조사시찰단이었습니다. 조사시찰단은 조사(朝士, 전문위원) 12명과 그들의 수원(隨員, 수행원) 24명으로 구성되었는데, 조사 어윤중의 수원이었던 유길준과 윤치호가 일본에 남아 최초의 일본유학생이 되었던 것이지요. 그 후에도 이런 전통이 지속되어 1895년에는 박영효의 주도로 또 1904년에는 고종의 주도로 대규모 관비유학생을 일본에 파견하기도 했던 것이고요.

일제강점기에는 물론 관비유학이 거의 소멸하면서 사비유학이 출현했습니다. 그런데 너도 나도 일본유학에 몰려드는 바람에 그 조건이 상당히 까다로웠어요. 비교하자면, 1911년에 창씨개명의 열풍을 진정시키기 위해 총독부가 창씨개명을 금지했고, 1939년에야 금지를 해제했지요. 물론 내선일체(內鮮一體)를 표방한 강제도 있었지만요. 어쨌든 1904년의 260명에서 1909년의 890명까지 증가한 일본유학생이 1910년대에는 500명 수준으로 감소했던 것은 일본유학억제정책 때문이었어요.

박 교수의 분석에 따르면, 관비유학에서 사비유학으로 전환되면서 유학생의 성향도 변화했습니다. 안확은 이전의 관비유학생을 '허영심에 가득 차 호언장담이나 늘어놓던 자칭 영웅호걸'이거나 '졸업장을 관직에 들어가는 입장표로 삼고 돌아가는 자칭 대정치가 혹은 대수완가'라고 비판한 적이 있지요.

또 다른 논자는 관비유학생의 '부동주의'가 사비유학생의 '실력주의'로 전환되었다고 주장하기도 했습니다. 부동(浮動)은 부동표처럼 '고정적 기초가 없다'는 의미이거나 부동자금처럼 '투기를 목적으로 한다'는 의미이므로, 부동주의 비판은 영웅호걸주의 비판과 대동소이한 것이었지요. 반면 실력주의는 사비유학생이 법학·정치학(사회학 포함) 또는 경제학·상학을 전공하기 시작했다는 의미였고요.

그런데 1920년대 총독부의 문화통치가 1910년대 무단통치기의 일본유학억제정책을 폐지하면서 일본유학이 대중화되기 시작했습니다. 그 결과 일본유학생은 1910년대의 500명 수준에서 1920년대의 4000명 수준으로 급증했지요. 또 고학생도 급증하여 유학생의 급진화에 일조하기도 했어요. 급진화와 더불어 새로운 형태의 영웅호걸주의와 부동주의가 출현하기도 했고요.

박 교수가 인용한 자료에 따르면, 1920년에는 법정·경제학 68%, 상학 7%였고, 1930년에는 법학 31%, 경제학 13%, 상학 10%였습니다. 분류기준이 달라서 정확하게 비교할 수는 없지만, 법학·정치학의 비중이 급락하면서 경제학·상학의 비중은 얼마간 상승한 것으로 추정할 수 있겠지요. 법학·정치학과 경제학·상학, 즉 법정과 경상을 혼효하여 법경으로 인식한 것은 당시 일본의 학문이 영미식이 아니라 독일식이었기 때문이에요.

나아가 인문학이 약진했는데, 1920년의 9%에서 1930년의 20%로 그 비중이 급상승했습니다. 이공계의 비중도 상승했는데, 1920년에는 이공학 3%, 농림수산학 2%, 의약학 7%였던 반면 1930년에는 이공학 6%, 농림수산학 7%, 의약학 5%였지요. 나머지는 사범계와 예술계 등이었는데, 대단치 않았고요.

참고로, 1930년대 이후에도 일본유학생의 증가세가 지속되었습니다. 그런데 이번에는 중등교육까지 확산된 이른바 '조기유학' 때문이었지요. 일본유학의 대중화가 이렇게 한 단계 더 심화된 결과 일본유학생은 1930년대에는 2만명 수준에 도달했고 1942년에는 3만명 수준에 도달했어요.

1920년대 일본학계를 특징지었던 대논쟁이 바로 주지주의/실증주의와 신관념론의 논쟁이었습니다. 먼저 신관념론은 헤겔을 비판하고 칸트를 복권시키려는 신칸트학파를 의미했는데, 그 대표자가 리케르트였습니다. 그는 법칙정립적(nomothetic) 자연과학의 철학과 구별되는 개성묘사적(ideographic) '문화과학'의 철학, 달리 말해서 보편화의 철학과 구별되는 개별화의 철학을 주장한 것으로 유명했지요. 그리고 베버는 리케르트가 주창한 문화과학의 철학을 매개로 랑케의 실증사학과 리스트의 역사학파를 자신의 사회학으로 변모시킬 수 있었고요.

반면 주지주의 또는 실증주의는 헤겔-마르크스와 콩트-스펜서를 의미했는데, 물론 헤겔-마르크스와 콩트-스펜서를 혼동하고 또 주지주의나 실증주의로 특징짓는 것은 터무니없는 오류였습니다. 그들이 리케르트나 베버와 달리 역사법칙, 특히 보편적 인과법칙을 옹호했다는 공통점이 있다고 할 수도 있겠지만요.

이런 논쟁은 일제강점기 한국사학계의 논쟁과도 직결되는 것이었습니다. 독일 역사학파의 후예인 후쿠다(福田德三)는 식민사관에 따라 봉건제결여론과 정체성론을 주장한 반면 그의 제자였던 백남운이 대표하던 사회경제사관은 세계사의 보편적 인과법칙에 따라 한국에도 봉건제가 존재했었고 나아가 자본주의 맹아도 존재했었다고 주장했거든요.

미국유학생에 대해서는 김상태 교수의 박사논문 『근현대 평안도 출신 사회지도층 연구』를 참고할 수 있는데, 박 교수의 연구처럼 체계적이지는 않습니다. 김 교수에 따르면, 미국유학생의 전공은 1925년에 법정 4%, 경상 17%, 인문·사회 16%였고, 이공 20%, 농 3%, 의약 12%였지요. 또 1933년에는 법정 0%, 경상 10%, 인문·사회 26%였고, 이공 22%, 농 2%, 의약 11%였습니다. 분류기준의 차이 때문에 직접 비교할 수는 없지만, 이공·의약을 논외로 할 때, 법정 대신 경상·인문·사회가 압도적인 것만 봐도 일본유학생과의 차이는 아주 분명했지요.

물론 가장 중요한 차이는 역시 신학과 교육학이었는데, 신학은 일제강점기에 조선인이 일종의 '관리직'으로 진출할 수 있는 가장 중요한 경로였습니다. 또 교육선교를 고려할 때 교육학도 신학과 무관한 것은 아니었다고 할 수 있고요. 1925년에 신학 9%, 교육학 11%였고, 1933년에는 신학 12%, 교육학 11%였어요.

김 교수에 따르면, 미국유학생과 일본유학생의 출신지에 차이가 있었습니다. 평안도는 미국유학생이 압도적인 반면 전라도와 경상도는 일본유학생이 압도적이었거든요. 전공까지 고려할 때 평안도 출신의 미국유학생이 아니라 전라도·경상도 출신의 일본유학생에서 마르크스주의자가 배출되었다는 것은 당연한 일이었어요. 또 경기도는 미국유학생이 압도적이었고, 충청도는 일본유학생이 얼마간 더 많았지요. 김 교수의 자료에서 서울 통계가 따로 없는 것은 수도가 아니라 도청소재지로서 경기도 통계에 포함되었기 때문이에요.

1930년대까지 국내대학 졸업생의 출신지에도 차이가 있었습니다. 경성제대 문학사·법학사는 경기도가 압도적인 반면 충청도·경상도·평안도가 1/2 정도로 비슷했지요. 반면 의학사는 경기도와 평안도가 압도적인 반면 충청도·경상도와 함경도가 1/2 정도로 비슷했고요. 보성전문은 경기도가 압도적인 반면 충청도·전라도·경상도·평안도·함경도가 1/3 정도로 비슷했지요. 반면 연희전문은 경기도와 평안도가 압도적이었는데, 후자가 전자의 2/3 정도였어요. 또 세브란스의전은 경기도와 평안도가 압도적인 반면 전라도가 1/2 정도였고요.

해방 이후 미국유학생과 일본유학생에 대한 연구는 아직 없다는 사실을 지적해두겠습니다. 『한국자본주의의 역사』에서 비판한 김종영 교수의 『지배받는 지배자: 미국유학과 한국엘리트의 탄생』(돌베개, 2015)이나 김경만 교수의 『글로벌 지식장과 상징폭력: 한국사회과학에 대한 비판적 성찰』(문학동네, 2015)은 박찬승 교수나 김상태 교수의 연구에 비견할 수 있는 수준의 연구가 아니에요.

이승만 정부

— 서북청년회의 활동에 대해 좀 더 설명해주세요.

— 이미 인용한 윤정란 박사의 연구에 따르면, 서청의 활동은 대북첩보·유격활동과 대남테러활동으로 구성되었습니다. 대북활동을

수행한 것이 바로 켈로(KLO, 맥아서총사령부 소속 주한연락처)부대였는데, 올 여름에 개봉한 170억원짜리 반공영화 『인천상륙작전』에서 화려하게 부활했지요. 인천상륙작전의 관건이었던 팔미도등대점령작전의 주역이 바로 켈로부대였어요. 켈로부대가 나중에 특전사(특수전사령부)로 발전했던 것이고요.

그러나 물론 훨씬 더 중요한 것은 단정 수립을 위한 대남테러활동이었습니다. 서청은 1946년 9월 총파업과 뒤이은 10월 대구항쟁, 나아가 1948년 4·3 제주항쟁 등에 개입하여 테러를 자행했거든요. 그로 인한 논란 때문에 1947년에 대동청년단으로 부분 통합되었고, 나아가 1948년에는 대한청년단으로 완전 통합되면서 서청은 결국 소멸되었지요.

서청의 회원은 1946년 7월 국대안을 관철시키기 위한 이른바 '깡패TO'로 서울대학교에 입학하기도 했는데, 서청이 해체되는 과정에서는 육군사관학교에 입학하여 군부의 주도세력으로 변신했습니다. 특히 5·16쿠데타의 주역인 육사 5기(1947-48)와 8기(1948-49)에 서청 출신이 많았지요. 김구를 암살한 안두희도 서청 출신으로 육사 8기였고요. 육사 입학 직전에 광복군 제3지대장이었던 김학규의 소개로 김구의 측근이 된 그는 육사 졸업 직후에 김구를 암살했어요.

— 서청 이외의 청년단체로는 무엇이 있었나요?

— 광복군 제2지대장이었던 이범석이 조직한 조선민족청년단이 있었습니다. 족청은 1946년에 서청보다 조금 일찍 결성되었는데, 둘 다 미군정의 지원을 받는 라이벌 관계였지요. 족청은 테러에 반대하면서 중도파를 자임했고, 단원 자격도 고졸 이상의 고학력자로 제한했어요. 서청 계열처럼 족청 계열도 결국 이승만 정부에서 배제되었다가 박정희 정부에서 부활했고요.

물론 예외도 있었습니다. 박정희의 라이벌을 자임했던 장준하와 계훈제의 부인이었다는 설이 있는 이희호가 대표적이었지요. 경성제대 법문학부에 입학했던 계훈제는 서울대 정치학과에 재학하면서 국대안 관철에 기여했는데, 이화여전을 졸업한 이희호가 그를 흠모하여 서울대 교육학과에 재입학했고 결혼까지 했다는 설이 있어요. 족청에 대해서는 이택선 교수의 「조선민족청년단과 한국의 근대민주주의국가 건설」(『한국정치연구』, 2014년 2호)을 참고하세요.

어쨌든 이승만 정부 초대 내각의 핵심은 신규식 계열이었습니다. 흥사단은 이승만의 라이벌이었던 안창호 계열이었고, 서청은 테러리스트 집단이었으며, 한민당은 친일파로 간주되었기 때문이지요. 그 결과 총리 겸 국방부장관으로 발탁된 사람이 바로 족청 단장이던 이범석이었는데, 그는 신규식의 수제자격이었습니다. 또 문교부장관으로는 족청 부단장이던 안호상이 발탁되었고요. 이렇게 초대 내각에서 문무의 수장이 모두 신규식 계열이었던 것이에요.

이승만보다 4년 연하인 신규식은 임시정부에서 이승만의 가장 중요한 지지자였는데, 1921-23년에 이승만의 처신에 대한 논란으로 임시정부가 분열하자 내동단결을 호소하면서 난식하나가 결국 호흡난절법으로 자결했습니다. 그 후 임시정부에서 이승만의 지지자로 부상한 사람이 이동녕이었고, 그의 후계자가 김구였지요.

신규식이나 이범석·안호상이 모두 대종교도였다는 사실에 주목할 필요가 있습니다. 그래서 이승만 정부가 3·1절, 제헌절, 광복절과 함께 개천절을 4대 국경일로 제정했던 것인데, 노무현 정부에 의해 한글날이 추가되어 현재 5대 국경일이 되었지요. 단군신앙인 대종교는 천도교가 친일화되면서 그 대안으로 부상했어요. 물론 증산교와 원불교도 천도교의 대안을 자임했지만요.

독일 예나대학에서 철학박사학위를 취득한 다음 보성전문과 서울대의 교수를 역임한 안호상은 이승만 정부를 정당화하는 이데올로기로서 일민(一民, 하나의 민족)주의를 제창했는데, 그것은 파시즘 이데올로기와 대동소이했습니다. 대종교와 파시즘은 국수주의를 공유했거든요. 그는 '미친놈'(美親派)을 비판하면서 자유주의는 '시기상조'라고 주장했고, '소경놈'(蘇敬派)을 비판하면서 공산주의는 '파괴적'이라고 주장했습니다. 당시 한국의 사정이 1차 세계전쟁 직후 독일과 유사하므로 파시즘이 필요하다는 것이었지요. 한국의 히틀러는 물론 이승만이었고요.

이승만 계열에는 역시 파시스트적 기질이 있었던 것 같습니다. 이승만의 가장 중요한 국내지지자였던 감리교도 신흥우가 만주사변 직후에 적극신앙단을 조직하여 파시즘운동을 전개했는데, 그는 신규식처럼 신숙주의 후손이었지요. 또 이것이 윤치호와 신흥우가 결별하게 된 결정적 계기이기도 했고요. 좀 더 자세한 설명은 이미 인용한 김명구 교수의 「해방 후 이승만, 윤보선, 장면의 사상적·계보적 갈등 연구」를 참고하세요.

참고로, 이승만이 입에 달고 살던 '뭉치면 살고 흩어지면 죽는다'는 말이 일민주의를 상징한 구호였습니다. 그런데 위키피디아를 찾아보니까 이솝의 우화에서 유래한 이 말은 본래 미국독립전쟁기에 출현한 'United we stand, divided we fall'이었더군요. '대표 없는 과세 없다'(no taxation without representation)는 원칙을 천명하면서 '자유가 아니면 죽음을 달라!'(Give me liberty, or give me death!)고 연설한 것으로 유명한 패트릭 헨리가 마지막 연설에서 이 구호를 인용했고요. 어떻게 자유주의적 구호가 파시즘적 구호로 변질될 수 있는지 도대체 알다가도 모르겠어요.

— 대동청년단과 대한청년단은 무엇인가요?

— 대동청년단은 역시 대종교도였던 이청천(본명 지대형, 별명 지청천)이 1947년에 조직한 단체였습니다. 이청천은 광복군의 총사령이었으므로 제2지대장 이범석의 상관이었는데, 미군정과 밀착했던 이범석을 견제하기 위해 이승만이 이청천에게 대청의 조직을 독려했던 것이지요. 대청은 서청 일부를 비롯해 청년단체를 통합하여 족청에 대항하다가 1948년에는 결국 족청도 통합하여 대한청년단으로 발전하여 1953년 종전 직후까지 존속했어요. 대청에 대해서는 김수자 교수의 「대동청년단의 조직과 활동」(『역사와현실』, 1999년 3월)을 참고할 수 있지요.

— 청년단체의 이합집산은 어떻게 설명할 수 있을까요?

— 직접적인 이유는 물론 이승만의 권력의지(Wille zur Macht, 니체)라고 할 수 있습니다. 그에게는 반공조차 정적을 제거하기 위한 수단일 따름이었지요. 그러나 그런 권력의지를 실현하기 위한 객관적 조건으로서 냉전에도 주목해야 할 것입니다. 1947년 3월 그리스 전쟁에의 개입을 천명한 트루먼 독트린과 6월 서독을 중심으로 서유럽의 경제재건을 천명한 마셜 플랜으로 이미 유럽에서 냉전이 개시되었거든요.

1946년 5월에 미소공동위원회가 결렬되고 조선정판사 사건이 발생하자 6월의 정읍 발언으로 단정 수립을 공언하고 이어서 9월 총파업과 10월 대구항쟁을 진압한 바 있는 이승만이 그 해 12월부터 이듬해 4월까지 도미 외교 중에 발표된 트루먼 독트린에 크게 고무되었던 것은 당연한 일이었습니다. 미군정과 국방부뿐만 아니라 또한 국무부도 단정 수립을 지지할 것으로 예상되었으니까요. 아니나다를까 1947년 8월에 결국 미소공동위원회가 해산되자 미국은 자신이 제안한 신탁통치를 철회하면서 단정 수립을 예고했던 것이지요.

그런데 이렇게 냉전이 도래하면서 남한 내부에서 좌우갈등이 진정되고 대신 이승만과 김구의 권력투쟁이 전개되었다는 사실에 주목할 필요가 있습니다. 이런 와중에 이범석의 족청과 이청천의 대청은 김구가 아니라 이승만을 지지했던 것인데, 임시정부의 상징은 역시 김구가 아니라 이승만이었기 때문이에요.

— 해방정국에서 반탁이 옳지 않았던 까닭은 무엇인가요?

— 신탁통치처럼 오해가 많은 쟁점도 없을 것입니다. 정용욱 교수의 「왜 연합국은 한반도를 신탁통치하려 했는가」(『내일을 여는 역사』, 2001년 봄·여름)와 장원석 씨의 「신탁통치안의 기원과 왜곡」(『내일을 여는 역사』, 2006년 봄)을 참고하면서 간단하게 설명해보겠어요. 또 윤해동 씨의 「반탁운동은 분단·단정노선이다」(『역사비

평』, 1989년 겨울)도 참고할 수 있고요.

로저벨트(루즈벨트)가 신탁통치 구상을 공개한 것은 1943년 말이었습니다. 장개석이 참석한 카이로 회담과 그 직후에 스탈린이 참석한 테헤란 회담에서였지요. 한국의 독립을 보장하되 'in due course'라는 단서를 달았는데, 직역하면 '일정한(expected/allotted) 기간이 지난 뒤에'였고 의역하면 '적절한 절차를 거쳐'였지요. 그런데 적절한 절차는 신탁통치를 의미했던 반면 일정한 기간의 의미는 계속 달라졌어요. 처음에는 1세대 정도였다가 1945년 초의 얄타회담에서는 5-10년으로 단축되었거든요.

어쨌든 미국이 일정한 기간의 신탁통치를 제안했고 소련이 동의했다는 것은 해방정국에서 이미 비밀이 아니었습니다. 다만 그런 구상을 실행할 방안이 구체화된 것은 1945년 말에 열린 모스크바3상회의에서였지만요. 여기서 미국이 예의 5-10년 신탁통치를 제안했는데, 소련이 기간을 5년으로 단축하고, 게다가 신탁통치의 조건으로 한국인의 임시정부를 먼저 조직하자고 역제안했어요. 결국 소련의 안으로 합의되었는데, 임시정부를 먼저 조직할 경우 신탁통치 대신 후견이라는 용어가 적절하다는 것이 소련의 입장이었지요.

어쨌든 5년의 후견 내지 신탁통치에서 핵심적 쟁점은 임시정부의 신설이었습니다. 기존의 임시정부를 인정하지 않는다는 것이었는데, 이것은 사실 스탈린뿐만 아니라 로저벨트의 지론이기도 했어요. 따라서 김구가 반탁에 가장 적극적이었던 것이고요. 물론 임정의 상징이었던 이승만이나 임정의 봉대(奉戴, 받들어 섬김)를 주장했던 김성수도 반탁의 입장이었지만요. 그러나 그들은 임정 이외에도 나름대로 정치적 기반이 있었으므로 김구처럼 절실하지는 않았어요.

고정휴 교수의 「태평양전쟁기 미국의 대한민국임시정부에 대한 인식과 불승인정책」(『한국근현대사연구』, 2003년 여름)을 참고하면서 국제정치적 맥락에 대한 설명을 보충할 수 있습니다. 본래 장개석은 임정의 승인에 찬성한 반면 스탈린은 반대했지요. 이 때문에 중소갈등이 발생할 것을 우려한 로저벨트가 결국 제3의 대안으로 신탁통치를 제안했던 것인데, 아직 식민주의를 포기하지 않은 영국은 패전국의 식민지에 국한한다는 조건으로 1차 세계전쟁 이후의 위임통치(mandate)와 동일한 의미의 신탁통치(trusteeship)의 실시에 찬성했어요.

— 임시정부의 정통성은 누가 주장한 것인가요?

— 사회경제사관에서 임정의 정통성을 주장한 적은 없습니다. 그것은 오히려 남한 주류사학계의 주장이었지요. 반면 북한에서는 임정을 '사대매국노망명단체'로 규정했고요. 김희곤 교수의 「대한민국 임시정부와 대한민국의 정통성」(『한국사학사학보』, 13집, 2006년)과 윤대원 박사의 「임시정부법통론의 역사적 연원과 의미」(『역사교육』, 110집, 2009)를 참고하세요.

2006년에 이영훈 교수가 제기했던 건국절 논쟁이 얼마 전에 또다시 제기되었는데, 간단하게 설명해보겠습니다. 먼저 제헌헌법은 임정의 정통성을 주장하면서 3·1운동으로 '건립'된 대한민국을 '재건'한다고 주장했지요. 이런 입장에서는 1919년 3월 1일에 건국된 것이에요. 그런데 1987년에 개정된 현행헌법은 박은식이 사용한 개념인 임정의 '법통'(法統, 헌법적 계통)을 대한민국이 계승했다는 설을 채택했습니다. 이런 입장에서는 1948년 8월 15일에 건국된 것이지요. 비교를 위해 북한은 1948년 9월 9일에 건국되었다고 주장한다는 사실을 지적해두겠어요.

— 이승만 정부 내내 쿠데타가 시도되었다고 하던데요?

— 이승만의 집권에는 미군정을 매개로 국방부의 입장이 관철되었다면, 5·16쿠데타에는 중앙정보국(CIA)을 매개로 국무부의 입장이 관철되었습니다. 이완범 교수의 「1950년대 이승만 대통령과 미국의 관계에 관한 연구」(『정신문화연구』, 2007년 여름), 홍석률 교수의 「5·16쿠데타의 원인과 한미관계」(『역사학보』, 2000년 12월), 박태균 교수의 「5·16쿠데타와 미국: 비밀해제된 미국문서를 중심으로」(『역

사비평』, 2001년 여름), 박명림 교수의 「4월혁명과 5·16군사쿠데타에서 미국의 역할」(『역사비평』, 2015년 겨울) 등을 참고하세요.

미국의 쿠데타 계획은 한국전쟁기로 소급되는 것입니다. 1952년에 이승만이 대통령직선제를 통해 집권 연장을 시도한 부산정치파동과 발췌개헌(정부의 대통령직선제안과 국회의 내각책임제안을 절충한 1차개헌)을 전후로 이미 장면을 추대하려는 쿠데타가 계획되었는데, 그 주역은 평양 상인 집안 출신인 육군본부 작전국장 이용문과 작전차장 박정희였어요. 이용문의 비행사고로 무산된 이 계획이 '5·16의 원형'이라고 할 수 있겠지요.

1953년에 이승만이 휴전에 반대하면서 방해공작을 하자 이번에는 미국이 직접 쿠데타를 계획했는데, 작전명이 '상비작전'(Operation Everready)이었습니다. 그 직전에 아이젠하워 정부는 필리핀의 대선에 개입하여 키리노 대통령을 막사이사이 대통령으로 교체하는 데 성공한 바 있지요.

그런데 1950년대 내내 계획된 일련의 쿠데타에 대해 국무부는 적극적인 반면 국방부는 소극적이었습니다. 남한은 휴전중인 '특수국가'여서 열전에서 탈출하여 냉전으로 진입하는 것은 시기상조라는 것이었지요. 그러나 1958년부터 이승만에 대한 대안을 모색해온 중앙정보국은 결국 '이승만의 권위주의적 경향이 노망에 가까운 증상으로 악화되었다'고 판단하게 되었지요.

나아가 중앙정보국은 필리핀과 달리 한국이나 대만에서는 문민민주주의가 '너무 때 이른 것이었다'고 판단하면서 일종의 '신탁통치'로서 '유일한 합리적·비당파적 세력'인 군부의 독재를 대안으로 제시했습니다. 문민민주주의가 실행가능할 때까지 미국 정부가 후견하는 임시정부로서 군부독재가 필요하다는 것이었지요.

참고로, 5·16쿠데타를 당시 발전도상국에서 빈발하던 '혁명적 민주주의'(RD) 정부의 출현으로 오해한 북한은 황태성을 밀사로 파견했습니다. 그는 1946년 10월 대구항쟁에서 사망한 박정희의 형이자 김종필의 장인인 박상희의 절친이었는데, 박정희는 형보다 그를 더 좋아하고 더 따랐다고 하지요. 좀 더 자세한 설명은 신종대 교수의 「5·16쿠데타에 대한 북한의 인식과 대응: 남한의 정치변동과 북한의 국내정치」(『정신문화연구』, 2010년 봄)를 참고하세요.

어쨌든 한국사학계가 비밀해제된 미국문서에서 발굴한 중앙정보국의 이런 입장은 사실 로스토우의 현대화론을 반영한 것이었습니다. 제가 학부 시절에 들은 경제학이나 정치학·사회학 강의는 대체로 현대화를 달성하기 위한 경제정책과 정치사회적 조건을 주제로 한 것이었는데, '선의의 독재자'(benevolent dictator)인 군부가 주도하는 외자의존형 수출지향공업화가 그 핵심이었어요.

이 대목에서 세계사, 나아가 경제학·정치학·사회학과 분리된 한국사, 특히 한국근대사·현대사·당대사라는 발상이 문제가 많다는 사실을 깨달을 수 있습니다. 아까 한역연 내부의 자중지란과 동문서답을 언급했지만, 선배 세대와 달리 제대로 된 한문 교육을 받지 못한 후배 세대는 한국근대사·현대사·당대사 전공을 선호했지요. 그러나 경제학·정치학·사회학이나 세계사와 분리된 한국근대사·현대사·당대사는 주사·비주사 민족해방파와 친화성을 가질 수밖에 없었고, 그 결과 한국사교과서의 재국정화를 자초했던 것이에요.

사회인문학과 역사사회과학

— 백낙청 교수의 집안에 대해 설명해주세요.

— 팔레학파인 황경문 교수의 박사논문 *Beyond Birth: Social Status in the Emergence of Modern Korea* (Harvard University Asia Center, 2004)와 관련 논문이 한국 중인의 역사에 대한 기본 문헌입니다. 황 교수는 잡과·아전·서얼 출신의 중인 이외에도 서북·무인 출신의 중인도 분석하고 있지요. 또 연세대학교국학연구원 엮음, 『고려-조선중기 중인 연구』(신서원, 2001)와 『한국근대이행기 중인 연구』(신서원, 1999)도 참고할 수 있고요.

황 교수가 인용한 와그너(Edward Wagner)의 분석에 따르면, 18세기 이후 왕권이 강해지면서 과거제가 문란해진 덕분에 서북 출신의 중인 중에서도 문과급제자의 비중이 급상승했습니다. 신권이 강했던 붕당정치기인 16, 17세기에 각각 3-4%, 7-8%였던 반면 환국·탕평정치기인 18세기에는 14%, 세도정치기인 19세기에는 15-16%, 특히 고종대에는 23%였거든요. 그 중에서도 정주 출신이 압도적이어서 평양이나 함흥 출신의 2.5배에 이르렀고요.

그러나 서북 출신의 문과급제자가 진정한 의미의 사대부였다고 할 수는 없을 것입니다. 예를 들어 영·정조의 탕평정치를 지지한 시파(時派)조차도 그들의 한계를 지적할 수밖에 없었는데, 특히 이명식은 그들이 과거시험 준비에만 몰두하여 유가사상 전반에 대한 소양이 부족했다고 비판한 적이 있지요.

어쨌든 18-19세기에 문과급제자를 다수 배출하여 소경(小京, 작은 서울)이라고도 불렸던 정주를 대표한 중인 집안이 전주 이씨와 수원 백씨였습니다. 먼저 전주 이씨는 이안사의 둘째 아들 이진의 후손이었는데, 이안사의 넷째 아들이 태조 이성계의 증조부인 이행리였지요. 위키피디아에 따르면, 이진의 후손으로 사상의학의 창시자인 이제마와 현대소설의 창시자인 이광수가 있어요. 이광수는 빈농 집안 출신으로 오산학교 교사이기도 했고요.

백낙청 교수가 바로 정주 출신의 수원 백씨입니다. 이 집안 최초의 문과급제자는 백경해였는데, 형과 함께 홍경래난을 진압한 공로로 신분 상승을 시도했지만 실패하고 말았지요. 그러나 중인이면서도 기독교도로 개종하지는 않았어요. 백경해의 4대손이 백인제·봉제 형제였는데, 둘 다 오산학교 출신이었습니다. 도쿄제대를 졸업한 백인제는 백병원을 설립했고, 교토제대를 졸업한 백봉제는 고등문관시험의 사법·행정 양과에 합격하여 총독부 관리로 임용되었지요.

해방 이후 백인제·봉제 형제가 반탁운동에 참여하여 단정 수립을 지지한 것은 당연한 일이었습니다. 또 김억·계용묵 등과 함께 수선사라는 문예출판사를 설립하기도 했어요. 이 출판사는 홍사단 일각에서 이승만의 대안으로 추대한 서재필의 자서전을 출판하기도 했는데, 사실 왜곡으로 유명했지요. 백인제·붕제 형제는 결국 한국전쟁 중에 납북되었어요.

백붕제의 큰아들이 인제대학교를 설립한 백낙환이었고, 백붕제가 상처한 다음 대구에서 재혼하여 얻은 작은아들이 백낙청이었습니다. 백낙준은 정주 출신이면서도 백낙환·낙청 형제와는 다른 집안이었는데, 중농 출신이자 기독교 집안이었거든요. 물론 백낙환·낙청 형제나 백낙준이 백남운의 부친 백낙규와 무슨 혈연관계가 있었던 것도 아니고요.

백낙청 교수는 서북 출신답게 미국유학을 선택했는데, 경기고를 졸업하자마자 유학을 떠나 브라운대학에서 학부를 졸업하고 하버드대학 대학원으로 진학했습니다. 해방정국에서 흥사단 계열의 막강한 영향력이 미국유학생 출신이었기 때문이라는 교훈을 잊지 않았던 것이에요. 고은 시인이 백 교수의 유학 경력이 남한사회에서 갖는 특권적 의미를 지적한 것도 이런 맥락이었고요.

또 백낙청 교수는 중인의식도 강한 것 같습니다. 학문을 대하는 태도가 아주 실용주의적이어서 선비답다고 할 수 없거든요. 미국에서 유학하여 로렌스(D. H. Lawrence)로 박사학위를 취득한 다음 한국으로 귀국해서는 민족문학을 주창한다는 사실에서 아무런 모순도 발견하지 못한 것 같아요.

하기야 백 교수의 종교적 심성을 고려하면 이해하지 못할 것도 없을 것 같습니다. 무의식과 이데올로기에 대해 프로이트와 알튀세르가 말한 것처럼, '종교는 모순을 무시한다'고 할 수 있거든요. 백 교수는 부인을 따라 원불교에 입교했는데, 여기서 자신이 주창한 '변혁적 중도주의'의 원천을 발견할 수 있다고 주장했지요. 나아가 니체주의적 관점에서 『요한 묵시록』을 해석한 로렌스의 입장과 자신의 입장을 결합할 수 있다고 주장했는데, 코퍼러티즘에서 파시즘으로 이행 중이던 '프로토파시즘'(protofascism)을 어떻게 변혁적 중도주의와 결합할 수 있다는 것인지 두고볼 일이에요.

— 변형윤 교수도 이북 출신이지요?

— 변형윤 교수의 자서전이나 평전은 없습니다. 대신 고 윤진호 교수의 『학현 변형윤 교수 대화록: 냉철한 머리, 뜨거운 가슴을 앓다』(지식산업사, 2012)를 참고할 수 있지요. 또 서울사회경제연구소의 후임 소장이기도 한 정일용 교수의 「학현 변형윤 선생의 삶과 학문」(『경제경영연구』(외대), 29권, 2010)도 참고할 수 있고요.

1927년에 황해도 황주(대동강을 경계로 평양의 건너편)에서 태어난 변형윤 교수는 황주 변씨로 무인 출신의 중인 집안이었습니다. 1944년에 경기고를 졸업한 그는 경성제대(이과)에 낙방한 다음 재수하여 1945년에 고상에 진학했지요. 사실 그는 고상의 전통과 맞지 않는 반공주의자였는데, 마셜의 경제기사도(economic chivalry)를 신봉했거든요. 마셜의 좌우명인 '차가운 머리와 뜨거운 가슴'(cool heads but warm hearts)이 그의 좌우명이기도 했고요.

변형윤 교수에게도 역시 서북인다운 특징이 많았습니다. 방금 지적한 반공주의가 그런 것인데, 상대에서 우익학생운동의 리더였던 장예준 장관(황해도 봉산)과 홍성철 장관(황해도 은율)이 그가 좋아하고 따랐던 경기고 선배였지요. 또 흥사단 출신으로 7선 국회의원을 역임하고 얼마 전에 작고한 김재순 국회의장(평양)이 그의 절친이었는데, 역시 상대에서 우익학생운동의 리더였어요.

변형윤 교수는 4·19를 계기로 학생을 동원하여 상대에서 어용·무능교수 축출운동에 앞장섰는데, 당시 교무과장으로서 교수진의 3/4을 교체할 수 있었습니다. 하루아침에 상대의 권력자로 부상한 변 교수는 사회학과의 최문환 교수를 학장으로 추대했는데, 그 덕분에 최 교수의 애제자였던 신용하·김진균 교수가 상대 교수로 임용될 수 있었던 것이에요.

그러나 당시 상대를 대표한 사람은 변형윤 교수가 아니라 박희범 교수였습니다. 변 교수보다 5년 연상이면서 대학은 1년 선배였던 박 교수는 경북 김천 출신으로 대구상고를 졸업했어요. 경제발전론과 한국경제론을 전공한 그는 로스토우의 현대화론을 비판한 자립경제론을 주창했는데, 리스트의 역사학파에서 유래한 독일모델론 또는 일본모델론이 논거였지요. 박현채 선생의 민족경제론을 리스트식으로 해석하는 것은 박희범 교수의 자립경제론과 혼동하는 것이에요. 박희범 교수에 대해서는 박태균 교수의 『원형과 변용: 한국경제개발계획의 기원』(서울대학교출판문화원, 2007)을 참고하고, 박현채 선생에 대해서는 『일반화된 마르크스주의 개론』을 참고하세요.

그런데 1966년에 최문환 교수가 총장으로 승진하면서 학장에 임명된 박희범 교수는 박정희 정부를 지지하게 되었습니다. 또 1968년에 문교부 차관을 거쳐 1970년에 경제과학심의회의 상임위원에 발탁되면서 이미 자립경제가 달성되었다고 선언하기도 했고요. 박 교수는 1973-77년에 충남대 총장을 역임했는데, 충남대의 발전에 기여한 공로가 적지 않았지요. 아울러 경제학과 교수진을 모두 서울대 경제학과 출신으로 충원하기도 했는데, 당시 지방대학으로서는 획기적 조치로 평가되었고요.

박희범 교수 이후 경제발전론과 한국경제론을 담당하게 된 사람이 바로 변형윤 교수였습니다. 그때까지는 경제수학과 경제통계학을 담당했었고요. 변 교수는 박정희 정부를 비판하면서 균형발전론을 대안으로 제시했지요. 자립경제론이나 민족경제론과는 달리 현대경제학 내부에서 대안을 추구한 것이었어요. 변 교수는 중화학공업화의 한계를 부품·소재의 종속, 나아가 핵심기술의 종속에서 찾았는데, 방금 언급한 정일용 교수가 1989년에 바로 이 주제로 박사학위를 취득했지요.

서울대 경제학과의 미국화를 주도한 사람이 바로 변형윤 교수였다는 사실에 주목할 필요가 있습니다. 변 교수는 서북 출신답게 미국 유학을 열망했는데, 여러 가지 사정으로 실현할 수 없었지요. 그래서 일종의 대리만족으로 제자들의 미국 유학을 종용했던 것이에요. 또 미국박사 위주로 교수와 강사를 임용했고요. 그러나 그들은 결국 변형윤 교수가 아니라 조순 교수를 추종했어요. 김대중 정부 이후에야 비로소 주목받은 이른바 '학현 사단'의 주력군은 사실 변 교수의 국내 제자였지요. 그래서 '조순 사단'에 대항하여 변 교수와 그의 국내 제자가 서로를 이용했다는 평가도 있는 것이에요.

참고로, 조순 교수의 집안 내력에 대해 저로서는 아는 바가 별로 없는데, 강릉 출신의 풍양 조씨라는 정도만 알고 있습니다. 그러나 신언서판(身言書判), 즉 신수·언변·서법·판단력(사고력)으로 보아 선비 집안이었던 것 같아요. 특히 한문에도 조예가 있어 1993-94년 도산서원 원장과 2002-07년 민족문화추진회(한국고전번역원) 회장을 역임할 정도였지요. 그러나 마흔에 박사학위를 취득한 만학이면서도 환갑이 되자마자 정계로 진출한 것을 보면 학문에 대한 열정이 그리 대단했던 것은 아닌 것 같아요.

어쨌든 상대가 해체된 데는 변형윤 교수의 역할이 컸습니다. 독일식 상학과 미국식 경영학을 혼동하여 상대의 운영에서 경영학과를 소외시킴으로써 반발을 야기했기 때문이지요. 또 인문대·사회대·자연대의 3개 단과대학으로 확대·개편하려던 문리대도 경영학과의 분리 독립을 부추겼다고 하고요. 물론 상대를 해체하고 경영대를 신설함으로써 경제학과를 격하시킨 것은 박정희 대통령의 결단이기도 했는데, 경제기획원이나 경제수석실이 중화학공업화에 반대하면서 경제학에 대한 반감이 커졌기 때문이겠지요.

— 내재적 발전론 비판에 대한 『창작과비평』의 대응은 어떤 것이었나요?

— 별 다른 대응이 없었던 것 같습니다. 커밍스의 『한국현대사』를 번역한 것을 보면, 그런 비판에 얼마간 동조했던 것도 같고요. 케네디-존슨 정부에서 '반공십자군'이라고 불린 평화봉사단(Peace Corps, 평화군단) 출신인 커밍스는 팔레학파인데, 이 책의 서문에서도 팔레의 '우정과 학식의 영감'에 감사를 표하고 있지요. 그런데 팔레학파에 비판적인 한국사학계에서는 이 책의 번역자를 구하지 못한 것 같아요. 사회학·영문학 전공자에게 번역을 맡겼거든요.

커밍스는 에커트와 달리 은폐된 방식으로 식민지현대화론를 주장했습니다. 그는 월러스틴의 세계체계론을 원용하여 'architectonic capitalism'을 주장했는데, 건축물적 구조를 갖는다는 'architectonic'은 'structured'와 동의어이지요. 쉽게 말해서 동아시아자본주의가 일본을 중심으로 지역적 분업의 구조를 갖는다는 것이에요. 해방 이후 이승만 정부에 의해 파괴된 이런 구조를 박정희 정부가 복원했다는 것이 커밍스의 주장이었지요.

동시에 그는 일본식 '정치경제론'(political economy)을 주장한 존슨의 '개발국가'(developmental state) 개념으로 박정희 정부를 설명했습니다. 나아가 오도넬(Guillermo O'Donnell)의 '관료제적 권위주의'(bureaucratic authoritarianism) 개념을 원용하기도 했는데, 다만 자신의 부인인 우정은 교수가 강조한 것처럼, 슘페터를 따라 영국식 자유주의에 대한 대안으로서 독일식 중상주의로 재해석해야 한다고 주장하기도 했고요.

커밍스는 1997-98년 경제위기가 성공적으로 극복되었다고 주장했습니다. 그는 김대중 정부가 노·사·정 합의라는 코퍼러티즘으로 박정희 정부의 중상주의를 개혁하여 새로운 발전을 시작했다고 주장했지요. 나아가 김대중 정부가 개시한 통일이 완성되면 한국이 선진국으로 진입할 것으로 예상하기도 했는데, 백낙청 교수 같은 인민주의적 반공주의자의 구미에 꼭 맞는 아첨이었던 셈이에요.

커밍스의 『한국현대사』는 전현대사에 대해서는 소략하면서도 팔레학파의 전통에 충실했습니다. 조선이 노예제라는 것이 팔레의 주장이었는데, 문벌지주에게 예속된 음부농민인 노비를 노예로 오해했던 것이지요. 그런데 커밍스도 프랑스 철학자 뒤몽(Louis Dumont)의 서열제(hiérarchie) 개념을 원용하여 양반제도가 골품제도를 연장한 카스트제도라고 주장했어요. 삼척에서 세거해온 자신의 처가가 공민왕이 아니라 신돈과 반야의 아들이라는 명분으로 폐위된 우왕의 후예라고 커밍스가 자랑했다는 사실도 지적해두겠어요.

『한국자본주의의 역사』에서 설명한 것처럼, 팔레학파의 연원은 이기백 교수였습니다. 따라서 강만길 교수의 분단사관을 지지해온 『창작과비평』이 팔레학파인 커밍스의 책을 번역한 것은 뜻밖의 일일 수도 있지요. 그러나 한국이 주빈국으로 선정된 2005년 프랑크푸르트국제도서전을 위해 팔레학파인 던컨(John Duncan)이 강만길 교수의 『한국현대사』(개정판)를 *A History of Contemporary Korea*로 번역했다는 사실까지 고려하면, 오히려 강만길 교수와 이기백 교수의 갈등이 비적대적이었음을 깨달을 수도 있겠지요.

어쨌든 팔레학파는 2020년 완간 예정으로 4권짜리 케임브리지 한국사를 준비하고 있다고 합니다. 전현대사를 대상으로 한 1-3권은 팔레 등이 집필하고 현대사를 대상으로 한 4권은 커밍스 등이 집필한다고 하고요. 팔레학파의 한국사 인식에 대한 좀 더 자세한 비판은 박태균 교수의 「미국의 한국사교재 분석」을 비롯한 『역사비평』(2002년 여름)의 특집 '미국의 한국사 연구'를 참고하세요.

— 그런데 사회인문학은 무엇인가요?

— 백영서 교수가 제창한 '사회인문학'(social humanities)은 『창작과비평』이 인문학의 위기를 활용하려는 시도라고 할 수 있습니다. 나아가 문학권력을 넘어 학술권력을 지향하는 증거라고도 할 수 있고요. 이 때문에 『창작과비평』을 좀비라고 부른 것이지요. 백 교수의 「사회인문학의 지평을 열며: 그 출발점인 '공공성의 역사학'」(『동방학지』, 149집, 2010)을 참고하세요.

사회인문학은 월러스틴의 '역사사회과학'(historical social science)과 경쟁하려는 백낙청 교수의 야망을 실현하려고 시도합니다. 역사사회과학은 사회과학, 특히 사회학으로서 역사학을 의미하는데, 월러스틴에게 사회과학을 대표하는 학문은 정치학은 물론 경제학도 아니고 사회학이거든요. 반면 사회인문학은 인문학으로서 사회과학, 특히 역사학을 의미하지요. 따라서 역사학이 사회학인가 아니면 인문학인가라는 쟁점이 제기되는 것이에요.

역사사회과학을 지양하는 사회인문학이란 사실 두 백 교수의 주관적 희망일 따름입니다. 그들은 월러스틴의 제자 리(Richard Lee)를 초빙해서 역사사회과학의 관점에서 사회인문학에 대한 논평을 부탁하여 『동방학지』(156집, 2011)에 「지식생산위기, 그 이후?: 역사사회과학과 사회인문학」이라는 제목으로 발표했어요. 이번에 여러 차례 인용한 바 있는 연세대학교의 『동방학지』는 1948년에 백낙준 교수가 설립한 동방학연구소와 1977년에 그것을 계승한 국학연구원의 기관지이지요.

그러나 리의 논평에는 오역이 많고 역주에도 오류가 많습니다. 특히 개념어를 이해하지 못한다는 것을 알 수 있는데, 번역자의 무능력도 문제이지만 국제학술지 『동방학지』의 편집진이 그것을 걸러내지 못했다는 것이 더 큰 문제이겠지요. '소칼의 장난'(Sokal hoax)을 연상시킬 정도이거든요. 작년에 신경숙 작가의 표절을 옹호하면서 문학권력의 본색을 고백했다면, 이 경우는 학술권력의 '지적 사기'(intellectual imposture, 소칼)를 고백한 셈이에요.

어쨌든 리는 두 백 교수의 도전이 월러스틴에 대한 무지에 기인한다고 비판합니다. 인문학의 위기를 해결하기 위해 사회과학에 도전하는 사회인문학의 핵심은 존재와 당위의 결합인데, 월러스틴이 시도한 '유토피아학'(utopistics)이 이미 그런 결합을 선취했다는 것이지요. 또 인민주의적 지향의 사회인문학 대신 법칙정립적 과학과 개성묘사적 과학의 결합을 시도하면서 월러스틴이 주창한 '사회과학의 개방'(opening the social sciences)이 타당하다는 것이고요.

물론 월러스틴의 역사사회과학보다는 오히려 제가 주장한 일반화된 마르크스주의가 적절할 것입니다. 유토피아가 현대정치의 지침이 될 수는 없고, 나아가 사회과학의 개방으로는 역사의 보편성과 특수성을 결합할 수 없거든요. 따라서 일반화된 마르크스주의가 주장하는 것처럼, 현대정치의 이데올로기를 분석해야 하고, 나아가 역사의 구조와 제도를 결합해야 하는 것이지요.

동시에 「사회인문학과 비평적 글쓰기의 가치」(『역사비평』, 2015년 봄)와 「인문한국프로젝트와 연구자의 고민」(『역사와현실』, 66집,

2007)에서 도면회 교수가 제기한 비판에도 주목할 수 있습니다. 사회인문학은 사실 백영서 교수가 원장이었던 연세대학교국학연구원의 HK(인문한국)사업의 과제이기도 하거든요. 김대중 정부가 기획한 BK21(두뇌한국21)사업처럼 HK사업도 노무현 정부가 정권재창출용으로 기획했던 것인데, 다만 인문학 위주라는 차이가 있었지요. 그래서 2006년에 제기된 이른바 '인문학의 위기'에 대한 정책대응이라는 특수한 형식을 취했던 것이고요.

BK21사업이나 HK사업은 학술진흥재단(이명박 정부 이후 과학·기술관련재단과 함께 한국연구재단으로 통합)을 중심으로 한 정부의 연구지원정책과 상호작용하고 있습니다. 양자를 매개하는 것이 학진등재지(학술진흥재단에 등재한 학술지)사업인데, 이것은 박현채 선생의 애제자를 참칭하면서 노무현 정부에 참여하여 '개방적 민족경제론'을 주장한 바 있는 정태인 씨가 김대중 정부 시절에 추진했던 사업이에요.

김대중 정부 초기인 1998년에 56개였던 등재지 및 등재후보지가 노무현 정부 말기인 2007년에는 1436개로 증가했는데, 무려 36%의 증가율이었습니다. 그 후 증가세가 주춤하기는 했지만, 2016년 현재 2299개나 되지요. 분야별로 이학 5%, 공학 10%, 의학 12%인 반면 인문학 24%, 사회과학 35%인데, 분야별 교수는 대체로 1만명 안팎이에요. 따라서 이과를 논외로 할 때 문과에서는 학문의 하향평준화를 통해 대학의 하향평준화를 완성한 셈이지요. 하기야 하향평준화된 학생이었던 386세대에서 하향평준화된 교수가 나오지 않을 도리는 없었겠지만요.

방금 변형윤 교수가 4·19 직후에 상대의 어용·무능교수를 축출했다고 했는데, 박정희 대통령이 암살된 직후에도 서울대에서 어용·무능교수를 축출하자는 대자보가 출현한 적이 있습니다. 그런데 김대중-노무현 정부는 정책적으로 어용·무능교수를 대량생산했어요. 이승만-박정희 정부의 어용·무능교수가 나름대로 엘리트였던 반면 김대중-노무현 정부의 어용·무능교수는 완전히 대중화되었던 것이지요. 또 어용·무능교수에 대한 비판도 제기되지 않았는데, '남이 하면 불륜, 자기가 하면 로맨스'라는 격이었어요. 물론 로맨스(romance, 연애)와 불륜은 같은 말이지요.

사족이지만, 저는 등재지든 등재후보지든 그런 사이비 학술지에 논문을 기고한 적이 한번도 없습니다. 그 때문에 어처구니없는 불이익을 받고 있지만요. 김대중-노무현 정부 이래 한신대는 신자유주의적 교육개혁을 위한 선도투쟁을 자임하고 있는데, 그 주역은 김상곤 전교육감을 중심으로 민교협(민주화를위한전국교수협의회)에 이어 교수노조(전국교수노동조합)에서 활동하는 폴리페서들이에요. 그들은 김대중과 노무현을 추종한 이른바 '좌파 신자유주의자'인데, 그러나 가끔 마르크스주의자를 참칭하기도 하지요.

최근에 그들은 강사를 감축하기 위해 교수진을 연구트랙과 교육트랙으로 분리했습니다. 연구트랙에 소속되어 1학기당 1과목의 강의를 면제받으려면 1년에 1편 이상의 논문을 등재지에 발표해야 했는데, 학회니 연구회니 하는 온갖 패거리를 통해 등재지와 연고를 맺어온 그들에게는 별로 어려운 일도 아니었지요. 반면 단행본 집필은 연구트랙에 속할 자격이 안 된다는 것이 그들의 주장이었는데, 저를 배제하기 위한 기준이었던 것 같아요. 그러나 학내정치에 무관심하여 '고액강사'라는 비방까지 듣는 데다가 4-5년 뒤면 정년이기도 해서 이의를 제기하지는 않았어요.

마지막으로, 르네상스 시대 네덜란드 화가 브뢰겔(Pieter Bruegel, 브뤼헐)의 그림을 하나 소개하겠습니다. 『마태오 복음』에서 예수는 바리사이파 지식인을 '눈먼 길잡이'에 비유했는데, '눈먼 이가 눈먼 이를 이끌면, 모두 도랑에 빠진다'는 것이었지요. 예수의 이런 비판을 묘사한 브뢰겔의 그림을 처음 본 것은 소련이 붕괴한 직후에 출판된 알튀세르의 제자 레몽(Pierre Raymond)의 논문집 표지에 실린 흑백사진이었어요. 한국의 불행을 묘사한 그림으로 간주할 수도 있겠기에 여기서 소개하는 것인데, 이제는 위키피디아에서 컬러사진으로 찾아볼 수 있지요.

교정표

『일반화된 마르크스주의 개론』(개정판)

38쪽 14줄　뇌졸증 → 뇌졸중
48쪽 28줄　경제개발협력기구 → 경제협력개발기구
49쪽 2줄　1990년 → 1991-92년
5·16줄　경제개발협력기구 → 경제협력개발기구
59쪽 22줄　고령화·저출산 → 저출산·고령화
108쪽 14줄　집적 → 집합
135쪽 19줄　집적 → 집합
20·25줄　요소형태 → 원소형태
141쪽 22줄　노동력에 대한 분석에 이어 마르크스는 → 노동력의 본질에 대한 분석에 이어지는 것이 그 기능에 대한 분석입니다. 마르크스는 먼저
144쪽 6줄　일반적 → 보편적
151쪽 26줄　1960년대 → 1950-60년대
160쪽 3줄　일반적 → 보편적
162쪽 그림　29-32 → 29-33; 69-70 → 70; 74-75 → 73-75
12·13·17줄　1969-70년 → 1970년
15·17줄　1974-75년 → 1973-75년

163쪽 27줄 1969-70년 → 1970년
164쪽 1줄 1974-75년 → 1973-75년
13줄 1969-70년 → 1970년; 1974-75년 → 1973-75년
173쪽 1줄 따라서 → 또; 미분방정식 → 성장모형
2줄 미분방정식입니다. → 미분방정식이기도 합니다.
186쪽 18줄 일반적 → 보편적
191쪽 10줄 기업가이득 → 기업이윤; 기업가이득률 → 기업이윤율
192쪽 26줄 1990년 → 1991-92년
193쪽 1줄 경제개발협력기구 → 경제협력개발기구
197쪽 16줄 임금노동자가 관리자가 되지요. → 관리자가 출현하지요.
201쪽 15줄 비료 → 비료·살충제
210쪽 3줄 제너럴모터스를 제압하고 → 삭제
4줄 1920년대 후반 → 1920년대
5줄 다시 → 삭제
213쪽 6줄 캘리포니아공과대학(칼텍) → 삭제
17줄 매서추세츠공과대학이나 칼텍 → 매서추세츠공과대학
214쪽 20줄 1929-32년 → 1929-33년
21줄 30% → 25%
215쪽 16줄 1932년 → 1933년
18줄 국가재건계획 → 전국부흥청
217쪽 1줄 50만 루블인가를 → 60만 루블을; 대통령이던(…)도망가는 → 그 자금을 둘러싸고 내분이 발생하는
222쪽 21줄 운영자금 → 운전자금
230쪽 25줄 도요타는(…)계열입니다. → 재벌이 아니라 계열을 상징하는 도요타는 방직기회사에서 발전한 자동차회사인데, 다만 주거래은행은 존재하지 않습니다.
242쪽 11줄 1880-90년대 → 1880년대
251쪽 24줄 9·11 이후에 → 9·11 이후에 달러 약세에도 불구하고
27줄 2003년에(…)때문입니다. → 삭제

279쪽 22줄 관성력 → 관성
294쪽 6줄 구체적인 → 특수한
302쪽 17줄 부활하여 → 재림하여
310쪽 24줄 정치인과 관료 → 정치인·군인을 포함하는 관료
325쪽 21-22줄 커밍스의(…)따라 → 미국과 소련의 비밀문서가 공개되면서; 냉전이라는 국제적 맥락을 강조하지만 → 냉전이라는 맥락을 강조하기도 하지만
331쪽 20줄 1990년 → 1991-92년
333쪽 27줄 경제개발협력기구 → 경제협력개발기구
337쪽 3줄 직종별노조 → 직능별노조
341쪽 9-10줄 정파성과 현장성의 결합을 → 정파성의 지양과 현장성의 강화를; 정반대가 옳습니다. → 오해의 여지가 많습니다.
353쪽 25줄 사멸과정 → 폐지
354쪽 8줄 사멸하고 → 폐지되고
16줄 알튀세르적 계열 → 알튀세르 계열

『봉건제론: 역사학 비판』

6쪽 13줄 '논리적 역사' → '이론적 역사'

12쪽 17줄 운명 → 운명/사명

29줄 체례는 → 체례는 편년체 같은 특정 체재에 따른 내용의 안배, 예를 들어

13쪽 1줄 같은 그 내용의 안배 → 삭제

14쪽 27줄 전설상의 → 신화상의

28줄 당대까지의 역사를 → 당대까지를; 통사 → 통사(通史, 역대(歷代)의 역사 전체)

16쪽 1줄 통사 → 역대의 통사

20줄 편찬한 → 사찬한

17쪽 27줄 전문사 → 전문적 부문사

18쪽 13줄 17사 → 전국시대 이후 17사

21쪽 27줄 이하 자치는(…)유추할 수 있어요. → 자치는 통치의 보좌를 의미했고, 또 통감(通鑑)은 통사라는 거울을 의미했지요.

25쪽 15줄 1920년대에(…)예정이라고 하는데, → 1910-20년대에 편찬된 『청사고(稿)』를 대체할 『청사』를 편찬하는 '청사공정(工程, 프로젝트)'이 올해 10년만에 완료될 예정이라고 하는데,

27쪽 2줄 이홍장 → 증국번과 그의 제자 이홍장

36쪽 13줄 사인(私人, Privatperson) → 민간(Privatperson, 私人)

18줄 사인 → 민간

41쪽 7줄 최초로 → 삭제

47쪽 17줄 문벌지주는 → 문벌지주가

48쪽 8줄 토지사유제 → 토지민유제

49쪽 19줄 씨앗이 → 씨앗에서 싹이 돋아난다고 해서

50쪽 15줄 황제와 치우 → 황제(黃帝, 오제(五帝)의 시조인 헌원씨)와 치우(삼황(三皇) 중 하나인 천황(天皇) 신농씨의 후예)

51쪽 22줄 서울 근처 → 서울 근처, 즉 수도권

58쪽 13-15줄 법가인(…)따라 → 선대에 가의와 조조(晁錯)가 주장한 것처럼; 창설 → 확립

59쪽 7줄 고조선 → 만주

13줄 판매 → 매매

60쪽 8줄 6국 귀족 → 춘추전국시대 노예소유주

61쪽 5-6줄 한무제 때 조조가 실시한 둔전제 → 한무제가 실시한 조조의 둔전제

8줄 사마의 → 사마소(사마의의 둘째 아들)

63쪽 7줄 이연이 → 이연(당고조)이 아들 이세민(당태종)과 함께

14줄 있지요. → 있지요. 따라서 후자는 몰라도 전자를 학벌(學閥)이라고 부를 수는 없겠지요.

64쪽 16줄 당황조의 전성기 → 당현종(당태종의 증손) 이후 당황조의 전성기

65쪽 9줄 이어 → 이어진

23줄 유일한 여자황제인 측천제 → 당태종의 후궁이자 당고종의 황후, 유일한 여자황제 측천제

67쪽 15줄 닦는다 → 다스린다

26줄 출현하기도 했는데, → 출현하기도 했어요.

29줄 유명했어요. → 유명했는데, 여기서 '선우후락'(先憂後樂, 앞서 걱정하고 뒤에 즐긴다)이라는 사자성어가 유래했지요.

68쪽 5줄 건국 → 창업

8줄 흑룡강 → 흑룡강(흑수)

17줄 흑룡강 상류에서 발원한 몽골족 → 선비족의 방계 실위족의 후예인 몽골족

19·24줄 칭기즈칸 → 칭기스칸

69쪽 3줄 조치의 장남 → 주치의 차남

11줄 『농상집요』 → 『제민요술』을 계승한 『농상집요』

23줄 상인과 농민을 제외한 → 삭제

25줄 의사, 기술자, 장인, 창기 → 의원, 수공업자, 사냥꾼, 농민

70쪽 26줄 쌀농사 → 쌀농사(벼농사)

72쪽 5줄 척계광과 → 삭제

73쪽 20줄 이몽양·이반룡·왕세정 → 이몽양·하경명과 이반룡·왕세정

26줄 연애소설 → 연애/색정소설

74쪽 1줄 여소어와 풍몽룡 → 여소어

21줄 1645년에 이자성의 순을 → 1644년에 산해관으로 입관하여 1645년에 순을

75쪽 26줄 없었지만요. → 없었지요. 교육·의료선교의 핵심은 교육·의료가 아니라 선교였을 따름이거든요.

76쪽 17줄 과거제 → 유가사상

77쪽 12줄 감자 → 감자·고구마

14줄 수리관개시설과 농법 → 남북농법

80쪽 8줄 요황조가 중원을 정복하지 못한 채 → 요황조가 만리장성 이남으로 진출했으면서도 중원을 정복하지는 못한 채

22줄 척계광과 → 삭제

81쪽 3줄 지배 → 식민지배

82쪽 15줄 변강역사연구공정 → 변강역사지리연구공정

20줄 변강(邊疆) → 변강(邊疆, borderland)

23줄 서남 → 서부

25줄 다민족국가 → 다민족국가(다종족국가)
27줄 2002년부터 시작된 동북공정의 대상은 → 최초의 변강역사지리연구공정으로 2002-07년에 시행된 동북공정의 주요한 대상은
83쪽 2줄 유득공 → 구양수-유득공
23줄 1645년에 명황조를 → 1644년에 산해관으로 입관하여 1645년에 명황조를
87쪽 4줄 의리(義理) → 의리(義理, 올바른 도리)
88쪽 3줄 민본 →『서경』에서 유래하는 민본
90쪽 25줄 먼저 → 삭제
91쪽 3줄 토지세 → 인두세
18줄 『논어』를 중시하여 →『논어』, 즉 유가사상을 그리스 철학보다 중시하여
92쪽 13-14줄 공물을 재배할 수 있는 → 공물의 생산에 필요한
94쪽 2줄 삼경, 즉 → 삭제
11줄 주목했고요. → 주목하면서 그것을『예기』로부터 독립시켰지요.
12줄 해설의 종합 → 해설
13줄 편집 → 해설
98쪽 11줄 척계광과 → 삭제
22줄 이홍장 → 증국번·이홍장
104쪽 18줄 셈족 → 셈족·함족
105쪽 7줄 셈족 → 함족
9줄 300년 → 400년
113쪽 17줄 농업사회 → 유목사회와 정착농경사회
115쪽 4줄 골족 → 갈리아인
7줄 중계하던 → 중개하던
116쪽 16줄 내탕금을 → 내탕고를
118쪽 28줄 샤를 마뉴 → 샤를 마뉴(카를 대제)

119쪽 26-27줄 사파위왕조의 이란은 중간적이었던 것 같고요. → 이란의 사파위왕조(이란족)는 오스만왕조와 비슷했던 반면 그것을 계승한 카자르왕조(투르크족)는 무굴왕조와 비슷했던 것 같고요.

123쪽 13줄 『팔만대장경』을 간행 → 소실된 『팔만대장경』을 복간

14줄 승려 → 선승

124쪽 3줄 한백겸 → 북인 한백겸

15줄 강조했어요. → 강조했어요. 예를 들어 조조와 사마의가 아니라 유비와 제갈량을 정통으로 간주한 것이에요.

18줄 정구 → 조식의 제자이기도 한 정구

125쪽 3줄 기호남인 중에서는 → 삭제

4줄 유득공 → 북학파(서인(노론)의 이단)의 비조 박지원의 제자인 유득공

7줄 유민이라고 주장하기도 했어요. → 유민이라는 구양수 『(신)당서』의 주장을 수용하기도 했어요.

26줄 동경상과대학 → 동경상과대학-히토츠바시대학

126쪽 25줄 다 차지 않음 → 붉, 즉 해/하늘

26줄 존재했다 → 존재했었다; 물론 → 그러나

27줄 일만선동조론이었지만요. → 일만선동조론으로 변질될 가능성도 내포했던 것이지만요.

128쪽 2줄 가장 전형적인 → '가장 전형적'인

13줄 기각했어요. → 기각했어요. 반면 백남운의 저서를 출판한 개조사는 일본공산당 비주류인 노농파와 친화성을 가졌지요.

19줄 지지했어요. → 지지하면서 고려의 봉건제를 완성한 것이 조선의 봉건제라고 주장했어요.

129쪽 4줄 출신인 → 동기동창인; 1960년대에 → 1950년대 말, 1960년대 초에

6줄 그러나 → 또

7줄 아시아적 봉건제론은 견지했어요. 반면 1970년대에는 → 아시아적 봉건제론도 비판했는데, 토지국유제를 사적 토지소유제에 미달하는 공동체적 토지소유제의 유물로 오해했기 때문인 것 같아요. 물론 토지국유제는 토지사유제가 아니라 토지민유제의 반대 개념이었지만요. 나아가 1960년대 말 이후에는

134쪽 15줄 김인문 → 김법민

16줄 당황조 → 측천제가 통치하던 당황조

135쪽 23줄 요동뿐이었는데 → 요동이었는데

137쪽 2줄 경순왕과 견훤 → 견훤과 경순왕

10줄 국자감 → 국자감(성균감)

138쪽 2줄 일부 → 남부

139쪽 3줄 환관 → 문벌지주

19-20줄 문벌지주를 혁파하기 위해 조준이 제안한 과전제를 채택했는데, → 문벌지주를 혁파하기 위해 토지제도의 개혁을 추진했습니다. 특히 스스로 문벌지주의 후예이기도 한 조준은 과전제를 제안했는데,

27줄 정몽주와 이색은 → 정몽주는

140쪽 1줄 신진무관 이성계 → 부원파 이안사의 현손(玄孫, 손자의 손자)으로 여진족의 지지를 받은 신진무관 이성계

2줄 재상권 → 『주례』에서 유래하는 재상권

6줄 100만결 → 130만결

7줄 160만결 → 170만결

9줄 세종은 → 세종은 고려왕조가 수입한 『농상집요』를 참고하여

142쪽 22줄 감자·고구마 → 옥수수

25-26줄 『농사직설』이(…)특징이 있었어요. → 『농사직설』과 달리 이앙법·이모작·윤작법을 강조했다는 특징이 있었어요.

143쪽 8줄 18세기부터 토지생산성과 지대율이 하락함에 따라 → 숙종과 영조의 치세에 토지생산성과 지대율이 하락하고 급기야 정조의 치세에는 지대가 감소함에 따라

145쪽 24줄 윤근수 → 윤근수(이언적의 사제)

29줄 또 군역의(…)주장했는데, → 나아가 '10만 양병'을 위한 군역의 개혁(이후의 균역법)도 주장했고요.

146쪽 1-2줄 삭제

23줄 선조의 이간질 → 선조가 동년배인 유성룡을 절대적으로 신임했다는 사실

147쪽 8줄 한걸음 → 한달음

9줄 탓이겠지요. → 탓이겠지요. 또 자신의 스승인 김집과 갈등하던 김육(김식의 현손)을 따르는 것도 쉽지 않았을 것인데, 이이의 경세학을 계승한 것이 바로 윤근수의 제자이기도 한 김육의 대동법이었어요.

23줄 100만결 → 130만결; 160만결 → 170만결

24줄 160만결 → 170만결

148쪽 23줄 홍봉한 → 홍봉한(정조의 외조부)

151쪽 3·10줄 논리적 역사 → 이론적 역사

153쪽 24줄 유형 → 전형

26줄 규범(Norm)/표준(Standard) → '표준'(Muster)

155쪽 19줄 동일성라고 → 동일성이라고

157쪽 9줄 경세·사학사 → 경세학사·사학사

20줄 발견했던 것이지요. → 발견할 수 있었어요.

160쪽 10줄 3배 이상 → 48/15=3.2배

11줄 5000/200=25년을 훨씬 초과한다 → 5000/200×48/15=80년에 해당한다

163쪽 11·25줄 사파위왕조 → 사파위-카자르왕조

164쪽 23줄 토지사유제의 부재였는데 → 토지사유제가 발전하지 못했다는 데 있는데,

165쪽 2-3줄 토지사유제로 진화하기도 → 토지민유제로 발전하기도

166쪽 1줄 1990 → 1989

11줄 베르베르족 → 베르베르인(함족)

176쪽 1줄 관신지주 → 관신지주 같은 관료

21줄 심각했기 → 심각했기(serious)

178쪽 2줄 아니지만요. → 아니고요.

24줄 이 때문에 → 그러나 바로 이 때문에

179쪽 15줄 비역사적 → 비역사주의적

19-20줄 우리와(…)의문이에요. → 삭제

181쪽 11줄 베트남을 논외로 하면, → 삭제

182쪽 29줄 주목했고요. → 주목했다는 공통점이 있지만요.

183쪽 2줄 식읍제(채읍제) → 식읍제

22줄 모종의 → 토인비류의

184쪽 13줄 정(鄭)·손 → 손·정(鄭)

185쪽 8줄 별지의 질의·응답 추가

186쪽 1줄 당황조의 → 당황조 양염의

29줄 할 수는 없었다 → 할 수 없었다

187쪽 10줄 사유화되었다 → 민유화되었다

21줄 치세 → 치세, 즉 '강건성세'

별지

— 중국문학사와 달리 한국문학사에 대해서는 언급하지 않으셨는데, 무엇 때문인가요?

— 중국문학사와 마찬가지로 한국문학사에서도 고대문학(고전문학)과 현대문학을 구별할 수 있습니다. 고대문학에는 중국처럼 유가의 교양인 한시가 대표하는 한문문학 이외에도 김만중(김장생-김집의 후손)의 『구운몽』과 『사씨남정기』 같은 국문소설이 대표하는 국문문학이 존재했지요. 또 고려왕조 후기와 조선왕조 전기에는 패설

이 출현하기도 했는데, 그러나 사림파의 비판 때문에 역사소설로 발전하지는 못했어요.

반면 현대문학은 이광수의 계몽소설 『무정』(1917)에서 출발했습니다. 그 후 현대문학은 염상섭의 가문소설 『삼대』(1931)를 거쳐 사회주의 리얼리즘을 표방하는 이기영의 농민소설 『고향』(1933-34)과 한설야의 노동소설 『황혼』(1936)으로 발전했지요. 그런데 중국과 달리 한국에서는 현대문학이 고대문학과 전혀 관계가 없었어요. 일본의 현대소설이 이식되었던 셈이거든요.

사실 세계문학사적 관점에서 볼 때 일본이 한국은 물론이고 중국보다도 선진적이었다고 할 수 있습니다. 좀 더 자세한 설명은 정판룡을 비롯한 연변대학 조선언어문학학부 교수진의 『세계문학사』(세계, 1989 [1980])를 참고하세요. 물론 마르크스주의 일본문화사학자 이에나가 사부로(家永三郎)의 『일본문화사』(2판, 1982; 국역: 까치, 1999)나 충남대학교 일어일문학과 임종석 교수의 『일본문학사』(제이앤씨, 2006)도 참고할 수 있고요.

먼저 일본사를 간단하게 개관해보면, 율령제를 통해 천황제를 도입한 7세기 중엽의 다이카개신(大化改新), 천황제를 확립한 8세기의 나라(奈良)시대, 외척 후지와라(藤原)씨의 섭정으로 천황제가 동요한 문벌지주정권인 9세기부터 12세기까지 헤이안(平安)시대, 쇼군(將軍)의 지배로 천황제가 형해화한 무신정권인 13세기부터 명치유신까지 바쿠후(幕府)시대로 구분되지요.

전간기에 강좌파는 나라·헤이안시대가 노예제였고 바쿠후시대가 봉건제였다고 주장했습니다. 통일신라·고려가 노예제였고 조선이 봉건제였다는 이청원의 주장은 이런 주장을 무비판적으로 답습했을 따름이고요. 반면 중국봉건제를 표준으로 설정할 때 일본봉건제는 고려나 조선처럼 문벌지주정권이나 무신정권을 청산할 수 없었다는 특징이 있지요. 달리 말해서 품관지주나 관신지주가 출현할 수 없었다는 것이에요.

그러나 덕분에 고대문학이 발전했는데, 나라시대에 한자로 쓴 서사시 『고사기』(古事記)와 편년체 사서 『일본서기』가 편찬되었습니다. 나아가 헤이안시대에 가나로 쓴 모노가타리(物語, 이야기)가 출현했지요. 11세기 여성문학가 무라사키 시키부(紫式部)의 연애소설 『겐지(源氏) 모노가타리』(소재는 헤이안시대 문벌지주의 허구적 일상생활)가 대표작이었는데, 이것이 세계 최초의 소설이었어요. 또 13세기에 시나노노 젠지 유키나가(信濃前司行長)의 역사소설 『헤이케(平家) 모노가타리』(소재는 헤이안시대에서 바쿠후시대로의 이행기)가 출현했고, 17세기에 이하라 사이카쿠(井原西鶴)의 색정소설 『호색일대남』(好色一代男)이 출현했고요.

현대문학의 효시는 명치유신 직후의 자유민권운동을 소재로 한 후타바테이 시메이(二葉亭四迷)의 정치소설 『구름』(1887)이었는데, 특히 러시아현대소설의 영향을 받았습니다. 그 후 현대문학은 나쓰메 소세키(夏目漱石)의 풍자소설 『나는 고양이다』(1905)를 거쳐 사회주의 리얼리즘을 표방하는 고바야시 다키지(小林多喜二)의 이념소설 『당생활자』(1932)로 발전했는데, 파쇼의 탄압으로 31세에 요절한 그는 중편노동소설 「게가공선」(蟹工船, 1929)과 중편농민소설 「부재지주」(1929)도 발표했지요.

『한국자본주의의 역사: 한국사회성격 논쟁 30주년』

11쪽 17줄 등) 등이고요. → 등)이고요.
21쪽 2줄 조이재 박사 → 조이제 박사
22쪽 4줄 이렇게 → 올슨(Mancur Olson)의 공공선택론/집단행위론과 유사한 방식으로 이렇게
7줄 (공감, 2012) → 삭제
26쪽 21줄 . → ,
28쪽 5줄 그중 → 그 중
31쪽 26-27줄 형 궈푸는 미국으로 도주한 직후에 사망했고 동생 리푸는 1969년에 대만으로 귀국했고요. → 형 궈푸는 중국혁명 직후에 사망했고 동생 리푸는 미국으로 도주했다가 1969년에 대만으로 귀국했고요.
34쪽 2줄 자유당 탈당파가 → 흥사단 계열과 자유당탈당파가
3줄 자유당 탈당파 계열을 → 흥사단 계열과 자유당탈당파를
15줄 샌프란시스코평화협정 → 샌프란시스코 대일평화조약
36쪽 7줄 인도네시아와 말레이시아로 → 인도네시아로
13줄 당시 세계 최대였던 → 미국의 후버수력발전소에 이어 당시 세계 2위였던
38쪽 18줄 권력 승계 → 권력승계
47쪽 26줄 따라서 → 따라서 지속상태 여부를 논외로 하더라도
51쪽 20줄 참여했지요. → 현대사 필자로 참여했지요.
27줄 지배계급 → '지배세력'
52쪽 2·12줄 지배계급 → 지배세력
53쪽 8줄 목적 → 궁극적 목적
17줄 '평안도 상놈(常漢)' → '평안도 상놈(常漢)', 즉 '平漢'
19줄 후원자 → 동지

22-24줄 박정희(…)하지요. → 박정희·전두환 대통령도 그랬는데, 특히 박 대통령은 부친이 동학도였다고 주장했고, 전 대통령은 자신이 전봉준의 후손이라고 주장했다고 하지요.

27줄 점차 → 삭제

54쪽 23줄 어찰 → 어찰(御札, 임금의 편지)

55쪽 9줄 (北村, 경복궁과 창덕궁 사이) → (北村, 청계천 이북)

10줄 (南村, 남산 기슭) → (南村, 청계천 이남, 특히 남산 기슭)

14줄 수 있겠지요. → 수 있겠지요. 남산골은 배수가 잘 되지 않아 그 곳에 살던 가난한 샌님(생원님)이 늘 나막신을 신고 다녔던 까닭에 '딸깍발이'라는 별명이 생겼던 것이에요. (이하 새 문단으로 시작)

60쪽 13줄 7대 은행 → 시중은행

65쪽 28줄 'respectable', → 삭제

69쪽 10줄 한 때 → 한때

70쪽 19·21줄 교육자 → 교육가

71쪽 16·18줄 교육자 → 교육가

72쪽 16줄 (2013; → (2013; 국역:

74쪽 3줄 경도제국대학 → 교토제국대학

76쪽 21줄 1950-60년대의 서울생활 → 1950-60년대 서울 생활

22줄 (연세대 뒷산) → (무악산, 연세대 뒷산)

24줄 땅굴 → 움집(土幕)

77쪽 14줄 평안도 출신인 → 개신교 주류인 장로교파와 마찬가지로 평안도 출신인

15줄 한신대였는데,(…)출신이었어요. → 한신대였어요.

18줄 약화되었고 → 약화되어 오히려 그 변종인 오순절교파(순복음교회)에 압도되었고

20줄 서북 출신의 계승권을 놓고 → 삭제

81쪽 6줄 윤치호의 후배 → 안창호·윤치호의 제자

82쪽 2줄 1969년 → 3선개헌안이 통과된 1969년

10줄 고려대 근처인 종암동 캠퍼스 → 안암동 고려대 캠퍼스 근처인 종암동 고상 캠퍼스

26줄 1977년 → 하향평준화된 고교생(이른바 '58년 개띠')이 처음 응시한 1977년

83쪽 4줄 다음 해 → 이듬해

28줄 그래서 고·연대가 → 그래서 연세대 초대 총장이던 백낙준 박사가 시도한 기여입학제 도입이 좌절된 다음에 연·고대가

84쪽 7줄 (1997; → (1997; 국역:

9줄 재정적으로 독립한 → 기여입학제를 통해 재정적으로 독립한

20줄 노벨상 → 노벨물리학상

86쪽 12줄 다음 해 → 다음해

28줄 베버에게서 → 베버의 좀바르트 비판에서

87쪽 6줄 의역할 수도 있고요. → 의역할 수 있고요. 또 그런 연고를 대표하는 사례로서 보호자(patron)-피보호자(client)의 관계를 특징짓는 것이 정실(favoritism)이므로 정실자본주의라고 의역할 수도 있고요.

90쪽 4줄 11명 → 영남 출신의 서울대 졸업생을 중심으로 한 11명

14줄 양우진 씨가 → 역시 영남·서울대 인맥인 양우진 씨가

91쪽 5줄 표준에 대해 → 표준과

95쪽 2줄 한 때 → 한때

98쪽 8줄 축적할 수 있었고 → 축적할 수도 있었고

27줄 려말선초에 → 려말선초인 6대손 윤창(양주도호부사) 때

99쪽 23줄 윤득부 → 18대손 윤득부

100쪽 3줄 24대손인 → 삭제

101쪽 13줄 외국 → 미국

18줄 정철 이후 → 정여립의 모반과 정철의 실각 이후

102쪽 18줄 사대 → 사대 역사교육과

20줄 연배 → 연배(cohort)

103쪽 28줄 영남사림, 즉 향반(鄕班) → 향반(鄕班), 특히 영남사림

105쪽 10줄 조선유학사에 대한 이런 왜곡 → '경세학적 문맹'이라고 할 수밖에 없는 조선유학사에 대한 이런 왜곡

24줄 풍산 → 풍산(안동 근처)

106쪽 17줄 이해할 수 → 이해할 수도

25줄 應待 → 應對

107쪽 8줄 소학 → 『소학』

13줄 소인유는 → 먼저 소인유는

15줄 심지어 → 나아가

19줄 덕행 → 덕성

109쪽 8줄 「난정서」(蘭亭序) → 「난정서」(蘭亭序) 등

9줄 集子 → 集字

'과천연구실 세미나'

01 (1995. 06.) 윤소영, 『마르크스주의의 전화와 '인권의 정치': 알튀세르를 위하여』 (문화과학사)

02 (1995. 11.) 에티엔 발리바르 (윤소영 옮김), 『마르크스의 철학, 마르크스의 정치』 (문화과학사)

03 (1996. 06.) 윤소영, 『알튀세르를 위한 강의: '마르크스주의의 일반화'를 위하여』

04 (1996. 08.) 루이 알튀세르 외 (윤소영 옮김), 『알튀세르와 라캉: '프로이트-마르크스주의'를 넘어서』

05 (1996. 12.) 윤소영, 『알튀세르의 현재성: 마르크스, 프로이트, 스피노자』

00 (1997. 05.) 메이너드 솔로몬 외 (윤소영 옮김), 『베토벤: '윤리적 미' 또는 '승화된 에로스'』 (공감예술신서 1)

06 (1998. 03.) 윤소영, 『일반화된 마르크스주의와 역사적 자본주의 분석』

07 (1997. 03.) 장 로블랭 외 (김석진·박민수 옮김), 『세계화와 신자유주의 비판을 위하여』

08 (1997. 09.) 뤼스 이리가레 외 (권현정·김수영·송영정·안주리 옮김), 『성적 차이와 페미니즘』

09 (1998. 04.) 조반니 아리기 외 (권현정·이미경·김숙경·이선화 옮김), 『발전주의 비판에서 신자유주의 비판으로: 세계체계론의 시각』

10 (1998. 09.) 다이앤 엘슨 외 (권현정·이미경·김숙경·이선화 옮김), 『발전주의 비판에서 신자유주의 비판으로: 페미니즘의 시각』

11 (1999. 06.) 윤소영, 『신자유주의적 '금융 세계화'와 '워싱턴 콘센서스': 마르크스적 비판의 쟁점들』
12 (1999. 11.) 이미경, 『신자유주의적 '반격' 하에서 핵가족과 '가족의 위기': 페미니즘적 비판의 쟁점들』
13 (2001. 02.) 윤소영, 『이윤율의 경제학과 신자유주의 비판』
14 (2001. 04.) 김석진·윤종희·김숙경·박상현, 『자본주의의 위기와 역사적 마르크스주의』
15 (2001. 07.) 윤소영, 『마르크스의 '경제학 비판'』 (개정판, 2005. 02.)
16 (2002. 06.) 윤소영, 『마르크스의 '경제학 비판'과 소련사회주의』
17 (2002. 06.) 권현정·오현미·김숙경·정인경, 『마르크스주의 페미니즘의 현재성』
18 (2003. 02.) 윤소영, 『마르크스의 '경제학 비판'과 평의회 마르크스주의』
19 (2003. 07.) 권현정·오현미·이미경·김숙경·정인경, 『페미니즘 역사의 재구성: 가족과 성욕을 둘러싼 쟁점들』
20 (2003. 06.) 윤소영, 『마르크스의 '경제학 비판'과 대안세계화 운동』
21 (2003. 12.) 에티엔 발리바르 외 (윤소영 옮김), 『'인권의 정치'와 성적 차이』
22 (2004. 12.) 윤소영, 『역사적 마르크스주의: 이념과 운동』
23 (2004. 02.) 윤종희·박상현, 『마르크스주의와 정치철학 및 사회학 비판』
24 (2005. 01.) 윤종희·박상현·정인경·박정미, 『대중교육: 역사·이론·쟁점』
25 (2006. 04.) 제이슨 무어 외 (윤종희·박상현 옮김), 『역사적 자본주의 분석과 생태론』
26 (2006. 05.) 비센트 나바로 외 (송인주·이태훈·박찬종·이현 옮김), 『보건의료: 사회·생태적 분석을 위하여』
27 (2005. 08.) 윤종희·박상현·정인경·박정미, 『인민주의 비판』
28 (2006. 02.) 윤소영, 『일반화된 마르크스주의 개론』

29 (2007. 02.) 윤소영, 『일반화된 마르크스주의의 쟁점들』
30 (2007. 05.) 윤소영, 『일반화된 마르크스주의의 경계들』
31 (2007. 10.) 윤소영, 『헤겔과 일반화된 마르크스주의』
32 (2007. 09.) 앨리슨 스톤 외 (윤소영 옮김), 『헤겔과 성적 차이의 페미니즘』
33 (2008. 03.) 윤소영, 『일반화된 마르크스주의와 대안좌파』
34 (2008. 06.) 윤소영, 『일반화된 마르크스주의와 대안노조』
35 (2008. 10.) 윤종희·박상현·송인주·정인경·공민석, 『알튀세르의 철학적 유산』
36 (2008. 12.) 윤종희·박상현·송인주·이태훈·정인경·이현, 『화폐·금융과 전쟁의 세계사』

'공감개론신서'

01 (2008. 07.) 윤소영, 『일반화된 마르크스주의 개론』 (개정판)
02 (2008. 11.) 윤소영, 『금융위기와 사회운동노조』
03 (2009. 06.) 윤소영, 『마르크스의 '자본'』
04 (2009. 11.) 윤소영, 『2007-09년 금융위기』
05 (2010. 04.) 윤소영·윤종희·박상현, 『2007-09년 금융위기 논쟁』
06 (2011. 01.) 윤소영, 『현대경제학 비판』
07 (2011. 10.) 윤소영·박상현·이태훈·공민석, 『사회과학 비판』
08 (2012. 04.) 윤소영, 『역사학 비판』
09 (2012. 10.) 윤소영, 『문학 비판』
10 (2013. 03.) 윤소영, 『2010-12년 정세분석』
11 (2013. 10.) 윤소영, 『봉건제론: 역사학 비판』
12 (2015. 10.) 윤소영, 『한국자본주의의 역사: 한국사회성격 논쟁 30주년』
13 (2014. 12.) 윤소영·박상현·송인주·이태훈·공민석·안종석, 『일반화된 마르크스주의 세미나』
14 (2016. 10.) 윤소영, 『'한국의 불행': 한국현대지식인의 역사』